CRASHKURS KOCHEN

MARTINA KITTLER

CRASHKURS KOCHEN

SUPERSCHNELLER ERFOLG FÜR EINSTEIGER

6 * Schnell kochen lernen Clever haushalten

Was Sie in der Küche als Anfänger oder Einsteiger wirklich brauchen.

8 * Kartoffeln

INFO: Beliebte Sorten und Kochtypen

Aus Topf, Pfanne und Ofen: alle Klassiker von Pellkartoffeln, Püree, Bratkartoffeln, Gratin, Klößen und Puffern bis hin zu neuen Kreationen wie Kartoffelcurry, Röstikuchen und Würzkartoffeln.

26 * Nudeln

INFO: Pastasorten – von Italien bis China

Basics: Nudeln und Spätzle kochen, dazu unkomplizierte Rezepte für jeden Tag und Anlass wie z. B. Nudelsaucen, Suppe, Salat, Lasagne oder Bratnudeln.

44 * Reis

INFO: Allerweltsreissorten, dazu Bulgur und Couscous

Zum Einstieg Reiskochen auf dreierlei Arten, dann mit vielfältigen Gerichten auf den Geschmack kommen: Eintopf, Salat, Risotto, Reisfleisch, Paella, Pilaw und Gemüsebulgur.

60 * Eier

INFO: Rund ums Ei – Frische und Qualität

Trennen, schlagen, kochen, braten, pochieren, mal als Omelett oder Pfannkuchen – alle Grundrezepte in Wort und Bild, raffiniert variiert mit Kräutern, Schinken, Pilzen oder Obst.

88 * Gemüse

INFO: Kleine Gemüsekunde – Sorten, Tipps und Tricks

Quer durch den Gemüsegarten der Grundtechniken: vorbereiten und schneiden, blanchieren, dünsten, dämpfen, kochen, braten, pfannenrühren oder schmoren; mit raffinierten Saucen, als Beilage, Salat, Suppe und Hauptgericht genießen.

74 * Salat

INFO: Im Fokus –
Blattsalate rund ums Jahr

Ran an die Blätter: vorbereiten, mit geeigneten Zutaten und Dressings anmachen und solo oder mit Gemüse ergänzt als Beilage, Gemüserohkost und zum Sattessen schmecken lassen.

---

114 * Fleisch

INFO: Mini-Warenkunde
Rind, Kalb, Schwein und Lamm

Steak braten, Geschnetzeltes, Schnitzel panieren, Braten, Ragout, Brühe – so geht's! Fleisch für kleine und festliche Gerichte: Große und kleine Stücke Fleisch aus Topf, Pfanne und Bräter, aber auch Küchenklassiker wie Saltimbocca, Schmorbraten und Rouladen.

---

134 * Geflügel

INFO: Huhn, Pute und Ente –
Einkauf und Qualität

Geflügelte Genüsse im Ganzen und in Teilen, kurz in der Pfanne oder im Ofen länger gebraten, geschmort oder gekocht: Geflügel-Wok, Chicken wings, Entenbraten, Frikassee, Coq au vin und Hühnerbrühe.

150 * Fisch & Muscheln

INFO: Fisch als Filet,
Kotelett oder im Ganzen

Fisch in Pfanne und Ofen braten, dünsten, dämpfen, pochieren, garen in Folie, im Salzmantel, mal klassisch, mal trendy – Schritt für Schritt alle Zubereitungsarten kennen lernen. KLEINES EXTRA: Muscheln vorbereiten, garen, auslösen – alles auf einen Blick.

---

172 * Früchte

INFO: Die wichtigsten Obstsorten
in unserer Küche

Früchte richtig vorbereiten, Basisrezepte vom Obstsalat über das Kompott bis zur Grütze, dazu fruchtige Nachspeisen und süße Hauptmahlzeiten, mal kalt, mal warm und immer ein Hit: Quarkspeise, Kaltschale, Flammeri, Bratäpfel, süße Knödel und Birne Helene.

190 * Register
192 * Impressum

INHALT * 5

SCHNELL KOCHEN LERNEN

Für Ihre ersten Kochversuche setzen Sie am besten auf eine kleine, aber feine Auswahl an soliden Grundwerkzeugen. Damit können Sie in der Küche wunderbar werkeln.

KOCHEN FÄNGT BEIM MESSEN AN

Eine Küchenwaage, die sich auf zwei bis fünf Gramm genau ablesen lässt, erleichtert den Kochstart: Man kann alles in Ruhe abwiegen, bereitstellen und später am Herd, ohne in Hektik zu geraten, verarbeiten. Nicht zu vergessen: ein Messbecher zum Abmessen von Flüssigkeiten und ein Küchenwecker – er wacht minutengenau bis zu einer Stunde über Koch- und Backzeiten.

WASCHEN, SCHÄLEN, SCHNEIDEN

Gewaschene Kartoffeln, Gemüse und Obst tropfen in einem Durchschlag oder Sieb ab. Bei der Vorbereitung dient ein schneidfestes Küchenbrett aus Kunststoff oder Holz als Unterlage. Außerdem brauchen Sie einen Sparschäler zum Schälen und ein kleines, scharfes Küchen- oder Gemüsemesser zum Putzen. Zwei Küchenmesser in unterschiedlichen Größen – eines mit einer leicht gebogenen Klinge – ergänzen das Sortiment. Eine Rohkostreibe hobelt, reibt und raspelt z. B. Möhren, Gurken und Käse. Praktisch ist eine Vierkantreibe oder ein Modell mit V-Messer und austauschbaren Einsätzen für feine und grobe Scheiben und Streifen. Schüsseln aus Kunststoff oder Metall in verschiedenen Größen sind nützlich zum Saucen rühren, Sahne und Eiweiß schlagen oder Salat mischen. Für Zitronen- und Orangensaft benötigen Sie eine Zitruspresse.

RAN AN TÖPFE UND PFANNEN!

Als Grundausstattung reichen drei Töpfe aus rostfreiem Stahl mit Sandwichboden für eine gute Wärmeverteilung. Empfehlenswert sind dreierlei Größen: ein großer Topf (ca. 5 l) mit Deckel für Nudeln und Suppen; ein mittlerer Topf (ca. 3 l) mit Deckel als Allroundtopf für Kartoffeln, Reis oder Rouladen und ein kleiner Stieltopf (1–2 l): damit haben Sie beim Rühren alles gut im Griff. Für problemloses Braten, Dünsten und Schmoren ist eine beschichtete Pfanne aus Aluguss mit hohem Rand und Deckel am besten. Die wichtigsten Zusatzutensilien: Ein Schneebesen zum Rühren von Flüssigkeiten, ein Kochlöffel und ein Pfannenwender aus Holz oder Metall zum Wenden von Fleisch. Nicht zu vergessen: eine Schaumkelle zum Herausheben von Klößen, eine Schöpfkelle und ein feines Sieb zum Abgießen oder Durchpassieren.

WAS DEN KÜCHENALLTAG ERLEICHTERT

Ein elektrisches Handrührgerät mit Quirlen schlägt mühelos Saucen oder Suppen auf. Oft gibt es als Zubehör einen Pürieraufsatz, mit dem man fein zerkleinern kann. Oder Sie leisten sich einen Stabmixer dazu. Für das Garen im Backofen und zum Servieren: Eine Auflaufform und ein Bräter mit Deckel. Wer gerne asiatisch kocht, sollte sich einen Wok anschaffen. Ein Dämpfeinsatz ist für alle etwas, die gerne schonend garen. Unentbehrlich zum Zerdrücken von abgezogenen Knoblauchzehen: eine Knoblauchpresse. Mit einem Zestenreißer kann man Schalenstreifen von Zitrusfrüchten abziehen, und ein Backpinsel hilft beim Fetten von Formen und Blechen. Und zu guter Letzt: dicke Topflappen zum Anfassen heißer Töpfe bereitlegen.

RESTE SIND STETS DAS BESTE

Die meisten Rezepte (Ausnahme z. B. eine ganze Ente oder die Lasagne) in diesem Buch sind für zwei Personen berechnet. Wenn Sie Gäste erwarten oder selber eingeladen sind und einen Salat oder ein Dessert fürs Buffet beisteuern möchten, verdoppeln oder verdreifachen Sie einfach die Zutatenmenge. Das Gleiche gilt, wenn Sie Lieblingsgerichte auf Vorrat kochen möchten. Die meisten Nudel-, Reis-, Fleisch- und Fischgerichte lassen sich in verschließbaren Plastikboxen gut im Kühlschrank aufbewahren. So haben Sie je nach Bedarf eine schnelle Mahlzeit parat und müssen sich nicht lange mit Essensvorbereitungen aufhalten.

CLEVER HAUSHALTEN

Kochen fängt beim Einkaufen an. Ein kleiner Vorrat an Lebensmitteln reicht oft als Grundstock für viele Kochaktionen aus. Sie müssen dann nur noch frische Zutaten wie Gemüse, Fleisch, Geflügel und Fisch besorgen.

KÜHLSCHRANKVORRAT
In der Tür im Kühlschrank sind Butter, etwa sechs Eier und eine Flasche oder ein Tetrapak Milch gut aufgehoben. Sahne wird gerne zum Verfeinern von Saucen und Suppen eingesetzt – alternativ auch Schmant oder Crème fraîche. In der Regel reicht eins davon. Diese Zutaten im unteren Fach lagern! Das gilt auch für Milchprodukte wie Joghurt und saure Sahne, die man für Dips und Dressings braucht. Hartkäse wie Parmesan hält sich im Kühlschrank, eingewickelt in Pergamentpapier, mehrere Wochen.

SCHRANK- UND REGALVORRAT
Immer dunkel lagern: Essig und ein bis zwei Pflanzenöle, die in Salaten genauso wie zum Braten verwendet werden können, wie z. B. Olivenöl und Rapsöl. Trockenes wie Zucker, Semmelbrösel, Mehl und Speisestärke oder Saucenbinder vor Feuchtigkeit schützen – am besten nach dem Öffnen in Schraubgläser füllen. Reis, Nudeln und Grieß sind trocken gelagert etwa ein Jahr haltbar. Ein Glas Honig, ein Glas Senf, Tomatenmark in der Tube, eine Flasche Sojasauce, vielleicht noch ein Glas Mayonnaise sind zum Würzen und Abschmecken unentbehrlich. Gekörnte Brühe oder Brühwürfel gehören als Würzgrundlage in viele Suppen und Saucen. Wer noch Platz hat, besorgt sich noch einige Basic-Konserven: Dosentomaten, Pizza- oder passierte Tomaten, Mais, weiße und rote Bohnen, Thunfisch sowie ungesüßte Kokosmilch. Wer gerne ab und zu etwas Besonderes kocht, sollte eine Flasche Rot- und Weißwein und einige Gläser fertigen Fond (z. B. Geflügel, Gemüse) parat haben.

GEFRIERFACHVORRAT
TK-Gemüse wie Spinat, Erbsen, grüne Bohnen, Brokkoli, Suppengrün sowie gemischte Beeren sind bereits gebrauchsfertig, und man bekommt sie auch außerhalb der Saison. Weil Gemüse nur wenige Stunden nach der Ernte eingefroren wird, enthält es sogar mehr Vitamine als manches »Frischgemüse« aus dem Supermarkt. Auch TK-Fisch ist eine Alternative. Wichtig: Tauen Sie ihn im Kühlschrank auf.

AROMEN AUS DEM GEWÜRZREGAL
Auf Salz, Pfeffer & Co. können wir beim Kochen nicht verzichten. Damit ihr Aroma nicht so schnell verfliegt, sollten Sie ein paar Regeln beherzigen: Kaufen Sie Gewürze in kleinen Mengen. Bewahren Sie sie dunkel, kühl und trocken auf.

FRISCHE LEBENSMITTEL EINKAUFEN
Je frischer, desto besser: Legen Sie Fleisch, Geflügel und Fisch gleich nach dem Einkauf auf die unterste Glasplatte im Kühlschrank – die kühlste Zone. Gemüse, Kräuter, Salate, Ingwer und leicht verderbliche Obstsorten wie Beeren halten sich einige Tage im Gemüsefach des Kühlschranks frisch. Zitrusfrüchte, Äpfel, Birnen, Nektarinen, Pfirsiche, Exoten, Bananen und Tomaten mögen lieber Zimmertemperatur.

VIDEOS FÜR TV-BEGEISTERTE

Einige Crashkurs-Grundrezepte sind mit einem Kochlöffelsymbol gekennzeichnet. Zu diesen Rezepten finden Sie auf www.kuechengoetter.de Videos, die Schritt für Schritt die entsprechende Zubereitungsweise als Film abbilden und Ihnen zusätzliche Informationen zu den Produkten geben.

KARTOFFELN

CRASHKURS KARTOFFELN

Cilena Festkochende Sorte in typischer Birnenform. Lässt sich gut verarbeiten, bleibt beim Kochen schön gelb.

Nicola Festkochende, gelbfleischige, länglich-ovale Sorte. Mild im Geschmack. Eine tolle Knolle für Salate.

Secura ist eine vorwiegend festkochende Kartoffel – formschön, glattschalig und ausgezeichnet im Geschmack.

Aula mit tiefgelbem Fleisch unter leicht rauer Schale ist mehligkochend. Perfekt für Klöße, Aufläufe und Pürees.

GUT SORTIERT

Wer Bratkartoffeln, Gratin oder Püree zubereiten möchte, muss dazu eines wissen: Es gibt drei Typen von Kartoffeln mit unterschiedlichen Konsistenzen, und deshalb für jedes Kartoffelrezept auch die passende Knolle: festkochend, vorwiegend festkochend und mehligkochend.

Festkochende Kartoffeln beinhalten wenig Stärke, sodass sie beim Kochen fest und gut in Form bleiben. Sie eignen sich für Salate und Bratkartoffeln, Rösti, Gratins, Salz- und Pellkartoffeln mit Biss.

Vorwiegend festkochende Kartoffeln sind echte Allrounder. Sie haben gekocht eine halbfeste Konsistenz, besitzen aber dabei noch genügend Stärke als Bindemittel. Man kann sie für jedes Gericht verwenden, weshalb sie in keinem Küchenvorrat fehlen sollten.

Mehligkochende Kartoffeln zerfallen aufgrund ihres hohen Stärkegehalts schon beim Kochen und sind daher ideal für Pürees, Suppen, Knödel und Folienkartoffeln.

Frühkartoffeln sind junge, vorwiegend festkochende Kartoffeln mit zarter Schale, die man auch ungeschält verzehren kann. Da sich der darin enthaltene Zucker noch nicht ganz in Stärke umgewandelt hat, schmecken sie leicht süßlich.

EINKAUF

Auf gute Qualität achten. Kartoffeln müssen makellos, fest und sauber, aber nicht gewaschen sein.

Grüne Stellen auf der Kartoffel sollten Sie beim Putzen großzügig herausschneiden. Sie enthalten das giftige Alkaloid Solanin. Es ist wasserlöslich und kochbeständig und entsteht bei zu heller Lagerung.

1. SALZKARTOFFELN

1. 500 g vorwiegend festkochende Kartoffeln mit einem Sparschäler schälen, gründlich waschen und in dickere Stücke oder kompakte Schnitze schneiden.

2. Kartoffelstücke mit 1/2 TL Salz bestreuen und nicht ganz mit Wasser bedecken. Deckel auflegen, Kartoffeln zum Kochen bringen und bei mittlerer Hitze ca. 20 Min. garen.

3. Für die Garprobe mit einem spitzen Messer in eine Kartoffel stechen. Ist sie weich, das Wasser abgießen und die Kartoffeln offen 2 Min. ausdampfen lassen.

2. PELLKARTOFFELN

1. 600 g kleine und etwa gleich große Kartoffeln einzeln unter fließendem kalten Wasser gründlich mit einer Gemüsebürste abschrubben, bis sie sauber sind.

2. Kartoffeln mit 1/2 TL Salz in einen Topf geben, etwa 3 cm hoch kaltes Wasser dazugießen. Abgedeckt aufkochen und bei mittlerer Hitze in 25 Min. weich garen.

3. Garprobe durchführen (s. Salzkartoffeln). Wasser abgießen, Kartoffeln im offenen Topf ausdampfen lassen und noch heiß mit einem kleinen Messer pellen.

3. FOLIENKARTOFFELN

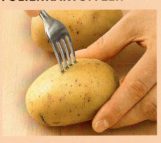   

1. 4 mittelgroße, mehligkochende Kartoffeln (ca. 1 kg) gut waschen, bürsten und trocken reiben. Anschließend jede Knolle mit einer Gabel mehrmals einstechen.

2. Pro Kartoffel ein großes Stück Alufolie mit Pflanzenöl einpinseln. Die Kartoffeln einzeln einwickeln und auf den Rost (2. Schiene von unten) setzen.

3. Im Backofen bei 220° (Mitte, Umluft 200°) 1 1/2 Std. garen. Folie öffnen, Knollen kreuzweise einschneiden und auseinanderdrücken, um Dips einzufüllen.

KARTOFFELN – GRUNDREZEPTE * 11

4. KARTOFFELPÜREE

1. 500 g mehligkochende Kartoffeln schälen und als Salzkartoffeln kochen. Ausdampfen lassen und durch die Kartoffelpresse drücken.

2. Mit einem Kochlöffel nach und nach 150 ml heiße Milch und 1 EL Butter in Flöckchen kurz und kräftig unter die Masse schlagen.

3. Das Püree mit Salz und frisch geriebener Muskatnuss würzen. Die Gewürze nur kurz einrühren, sonst wird die Masse klebrig.

5. BRATKARTOFFELN

1. 600 g festkochende Kartoffeln am Vortag kochen und erkalten lassen. Am nächsten Tag pellen und in ca. 2 mm dicke Scheiben schneiden.

2. Kartoffeln in 2 Portionen in je 1 EL zerlassenem Butterschmalz 8–10 Min. bei Mittelhitze braten. Salzen und vorsichtig wenden.

3. 1–2 EL Butter in der Pfanne zerlassen. Kartoffeln in 8–10 Min. knusprig braten und vorsichtig wenden. Salzen und pfeffern.

6. KARTOFFELSALAT

1. 600 g kleine festkochende Kartoffeln (gekocht, heiß gepellt) in dünne Scheiben schneiden. 1 Zwiebel schälen, würfeln und dazugeben.

2. 75 ml Fleischbrühe mit 3 EL Essig aufkochen, heiß über die Kartoffeln gießen. Salzen, pfeffern, vorsichtig mischen, 30 Min. ziehen lassen.

3. 3 EL Essig, Salz, Pfeffer und 6 EL Pflanzenöl zu einer cremigen Sauce verschlagen. Über den Salat gießen, durchmischen, abschmecken.

7. KARTOFFELGRATIN

1. 500 g festkochende Kartoffeln schälen und auf dem Gemüsehobel in dünne Scheiben schneiden. Eine Gratinform mit Butter einfetten.

2. Die Kartoffelscheiben dachziegelartig in die Form schichten. 200 g Sahne mit Salz und Pfeffer würzen und darüber gießen.

3. Das Gratin im vorgeheizten Backofen (2. Schiene von unten) bei 200° (Umluft 180°) in 30–35 Min. goldbraun backen.

8. KARTOFFELPUFFER

1. 500 g festkochende Kartoffeln schälen und unter fließendem Wasser waschen. Auf einer Gemüsereibe fein raspeln.

2. 1 Ei, 1 EL Mehl, 1/2 TL Salz und etwas Pfeffer gründlich unter die Kartoffelmasse rühren. 5 Min. quellen lassen.

3. In einer Pfanne 3 EL Pflanzenöl erhitzen. Je Puffer 1–2 EL Teig flach streichen und bei mittlerer Hitze 4–5 Min. pro Seite braten.

9. KARTOFFELKLÖSSE

1. 500 g mehligkochende Kartoffeln ungeschält kochen, heiß pellen und zerdrücken. Mit 75 g Mehl, 1 Ei, 1/2 TL Salz und Pfeffer verkneten.

2. Mit bemehlten Händen aus dem Teig 4 etwa gleich große Klöße formen. In einem Topf reichlich Salzwasser zum Kochen bringen.

3. Klöße in das kochende Wasser geben und bei geringer Hitze 20 Min. offen garen lassen. Mit einer Schaumkelle herausheben.

KARTOFFELN – GRUNDREZEPTE * 13

PELLKARTOFFELN MIT ZWEIERLEI QUARK

1. Die Kartoffeln gründlich waschen und in 1 l Salzwasser zugedeckt in 20–25 Min. weich kochen.

2. Inzwischen beide Quarksorten mit der Milch verrühren, salzen und pfeffern. Die Quarkmenge halbieren. Die Frühlingszwiebel waschen und putzen. Nur den weißen und hellgrünen Anteil in feine Würfel schneiden. Das Grün von den Radieschen abschneiden, diese waschen und ebenfalls klein würfeln. Frühlingszwiebeln und Radieschen mit dem Walnussöl unter eine Quarkhälfte rühren.

3. Die Kräuter abbrausen, trocken schütteln, abzupfen und fein schneiden. Die zweite Quarkhälfte mit Senf, Zitronensaft, Salz und Pfeffer abschmecken. Kräuter sorgfältig untermischen.

4. Die Kartoffeln abgießen und gut ausdampfen lassen. In einer Schüssel mit dem Quark servieren.

* AROMA-TIPP 1 TL Kümmel und 2–3 Stängel Petersilie im Kochwasser geben den Kartoffeln zusätzlich Würze.

FÜR 4 PERSONEN
ZUBEREITUNG: 30 MIN.
PRO PORTION CA. 395 KCAL
28 g EW, 11 g F, 46 g KH

- 1,2 kg kleine festkochende Kartoffeln
- Salz
- 500 g Speisequark (20 % Fett)
- 250 g Magerquark
- 150 ml Milch
- schwarzer Pfeffer
- 1 Frühlingszwiebel
- 1/2 Bund Radieschen
- 2 TL Walnussöl
- 1 Bund gemischte Kräuter (z. B. Petersilie, Schnittlauch, Basilikum)
- 1 TL scharfer Senf
- 1–2 TL Zitronensaft

14 * KARTOFFELN

KARTOFFEL-SPARGEL-SALAT

FÜR 2 PERSONEN
ZUBEREITUNG: 50 MIN.
PRO PORTION CA. 165 KCAL
6 g EW 5 g F, 24 g KH

600 g Frühkartoffeln
Salz
400 g weißer Spargel
1 Romana-Salatherz
150 g Kirschtomaten
1 Frühlingszwiebel

2 EL Salatmayonnaise
8–10 EL Milch
2 TL Zitronensaft
schwarzer Pfeffer
1/2 Bund Schnittlauch

1. Die Kartoffeln gründlich waschen und in einem Topf in 1 l gesalzenem Wasser zugedeckt 20 Min. garen.

2. Inzwischen den Spargel putzen, schälen und schräg in 4–5 cm lange Stücke schneiden. In einem Topf 1 l Wasser aufkochen, salzen und den Spargel darin 8 Min. garen. Abgießen, kalt abschrecken und gut abtropfen lassen.

3. Den Salat waschen, halbieren und den Strunk entfernen. Die Hälften in 2 cm breite Streifen schneiden. Tomaten waschen und halbieren. Frühlingszwiebel waschen, putzen und nur das Weiße und Hellgrüne in feine Ringe schneiden. Kartoffeln abgießen, ausdampfen lassen, pellen und etwas auskühlen lassen.

4. Die Mayonnaise mit Milch und Zitronensaft verrühren, salzen und pfeffern. Kartoffeln in Scheiben schneiden, mit den Spargelstücken, Tomaten und Frühlingszwiebeln unter die Sauce mischen. Schnittlauch waschen, trocken schütteln und fein schneiden, auf den Salat streuen.

* **DAS SCHMECKT DAZU** Paniertes und gebratenes Fischfilet (Seite 153)

* **TUNING-TIPP** Mit 100 g Schinken, den Sie in kleine Würfel schneiden und vorsichtig unterheben, wird der Salat zu einer Hauptmahlzeit für zwei.

KARTOFFEL-SPINAT-PÜREE

FÜR 2 PERSONEN
ZUBEREITUNG: 35 MIN.
PRO PORTION CA. 250 KCAL
8 g EW, 9 g F, 35 g KH

- 500 g mehligkochende Kartoffeln
- Salz
- 225 g TK-Blattspinat
- 1 Schalotte
- 1 kleine Knoblauchzehe
- 2 EL Butter
- 100 ml Milch
- schwarzer Pfeffer
- frisch geriebene Muskatnuss

1. Die Kartoffeln schälen, abbrausen, vierteln und in Salzwasser 20 Min. kochen.

2. Inzwischen den Spinat antauen lassen. Schalotte und Knoblauch abziehen und fein hacken. 1 EL Butter erhitzen, Schalotte und Knoblauch darin glasig dünsten. Spinat hinzufügen, 5 EL Wasser dazugießen. Zugedeckt bei mittlerer Hitze kurz aufkochen, 10 Min. garen, dabei mehrmals umrühren.

3. Den Spinat in ein Sieb abgießen und mit einem Löffel ausdrücken. Kartoffeln abgießen, kurz ausdampfen lassen und mit einem Kartoffelstampfer oder einer -presse zerdrücken. Milch erwärmen und mit dem Spinat unter die Stampfkartoffeln mischen. Mit Salz, Pfeffer und Muskat würzen. Dann die übrige Butter unterziehen.

* **DAS SCHMECKT DAZU** Gedünstetes Fischfilet, Fleischragout oder Rindsrouladen

KARTOFFELCREMESUPPE MIT STEINPILZEN

FÜR 2 PERSONEN
ZUBEREITUNG: 75 MIN.
PRO PORTION CA. 370 KCAL
7 g EW, 25 g F, 28 g KH

10 g getrocknete Steinpilze
650 g mehligkochende Kartoffeln
1 Zwiebel
2 EL Butter
1/2 TL getrockneter Majoran

3/4 l Gemüsebrühe oder -fond
4 getrocknete Tomaten (in Öl)
1/2 Bund Schnittlauch
250 g Sahne
Salz, schwarzer Pfeffer

1. Die Steinpilze mit 1/8 l heißem Wasser übergießen und 30 Min. einweichen. Inzwischen die Kartoffeln schälen, waschen und in Würfel schneiden. Zwiebel abziehen und fein würfeln.

2. Die Steinpilze in ein Sieb abgießen, Pilzwasser in einer Schüssel auffangen, Pilze fein hacken. Die Butter in einem Topf zerlassen, Zwiebel darin 5 Min. andünsten. Kartoffeln, Steinpilze und Majoran dazugeben, mit dem Pilzwasser und der Brühe oder dem Fond aufgießen. Aufkochen, Deckel auflegen und die Suppe bei geringer Hitze 20 Min. garen.

3. Inzwischen die Tomaten sehr klein würfeln. Schnittlauch abbrausen, trocken schütteln und in feine Röllchen schneiden. Die Kartoffeln mit dem Pürierstab zu einer glatten Masse mixen oder mit einem Stampfer zermusen. Sahne dazugießen, kurz aufwallen lassen und mit Salz und Pfeffer würzen.

4. Die heiße Suppe auf Teller geben und mit Tomatenwürfeln und Schnittlauchröllchen bestreut servieren.

* **DAS SCHMECKT DAZU** Geröstetes Weißbrot

* **SERVIER-TIPP** Die Cremesuppe sättigt zwei Personen auf leichte Art, für vier ist sie eine feine Vorspeise.

KARTOFFEL-BLUMENKOHL-CURRY

1. Die Kartoffeln schälen, waschen und in 2 cm große Würfel schneiden. Blumenkohl waschen, den Strunk abschneiden und in Röschen zerteilen. Ingwer schälen und sehr fein würfeln.

2. Das Öl in einem breiten Topf erhitzen, Ingwer darin andünsten, aber nicht bräunen. Curry darüberstäuben und kurz andünsten. Tomatenmark einrühren, Kartoffeln und Blumenkohl dazugeben. Mit Kokosmilch und Gemüsefond aufgießen, zum Kochen bringen. Bei mittlerer Hitze 15–20 Min. offen kochen lassen, hin und wieder umrühren.

3. Das Curry mit Salz, Pfeffer und Zitronensaft abschmecken. Den Saucenbinder einrühren.

★ DAS PASST DAZU Gebratenes Hähnchenbrustfilet oder Schweinemedaillons

★ WÜRZ-TIPP Vor dem Servieren fein geschnittene Blätter von 4 Stängeln Petersilie aufstreuen.

FÜR 2 PERSONEN
ZUBEREITUNG: 35 MIN.
PRO PORTION CA. 230 KCAL
6 g EW, 6 g F, 37 g KH

- 400 g festkochende Kartoffeln
- 250 g Blumenkohl
- 1 Stück Ingwer (etwa 2 cm)
- 1 EL Pflanzenöl
- 2 TL Currypulver
- 2 TL Tomatenmark
- 200 g ungesüßte Kokosmilch (Dose oder Tetrapak)
- 200 ml Gemüsefond (Glas)
- Salz, schwarzer Pfeffer
- 1 TL Zitronensaft
- 1–2 TL heller Saucenbinder

KARTOFFEL-LAUCH-GRATIN

FÜR 2 PERSONEN
ZUBEREITUNG: 45 MIN.
PRO PORTION CA. 595 KCAL
17 g EW, 45 g F, 31 g KH

- 400 g kleine festkochende Kartoffeln
- Salz
- 1 zarte Stange Lauch (ca. 250 g)
- 125 g Champignons
- 1 kleine Zwiebel
- 1 Knoblauchzehe
- 1 EL Pflanzenöl
- 1/2 Bund Petersilie
- schwarzer Pfeffer
- 150 g Crème fraîche
- 1 Ei
- 2 EL geriebener Parmesan
- 2 TL Butter
- Fett für die Form

1. Die Kartoffeln schälen, waschen und in Scheiben schneiden. In kochendes Salzwasser einlegen und 5 Min. vorkochen; dann abgießen und gut abtropfen lassen.

2. Den Lauch putzen, gründlich waschen, weiße und hellgrüne Teile schräg in 1 cm dicke Scheiben schneiden. Champignons putzen, abreiben und halbieren. Zwiebel und Knoblauchzehe abziehen und fein hacken.

3. Den Ofen auf 220° vorheizen. Das Öl erhitzen, Lauch und Zwiebel darin unter Wenden bei starker Hitze 3 Min. anbraten. Pilze und Knoblauch dazugeben und kurz mitbraten. Petersilie waschen, trocken schütteln, Blätter abzupfen und fein schneiden. Alles mischen, salzen, pfeffern und in eine kleine gefettete Gratinform geben.

4. Die Crème fraîche mit dem Ei, Salz, Pfeffer und Parmesan verrühren. Die Masse gleichmäßig über die Kartoffeln verteilen und mit Butterflöckchen belegen. Im Ofen (2. Schiene von unten, Umluft 200°) 15–20 Min. goldbraun überbacken.

* **VARIANTE** Den Parmesan durch 50 g fein zerbröckelten Gorgonzola ersetzen und anschließend gründlich unter die Eiercreme rühren.

GNOCCHI MIT TOMATEN-PARMESAN-SAUCE

1. Für die Gnocchi die Kartoffeln waschen und in Salzwasser in 15–20 Min. knapp gar kochen.

2. Inzwischen für die Sauce die Zwiebel und Knoblauchzehe abziehen, fein würfeln und in dem heißen Öl glasig dünsten. Gehackte und passierte Tomaten sowie 50 ml Wasser dazugeben. Mit Salz, Pfeffer und Zucker würzen. Aufkochen und bei geringer Hitze offen 30 Min. kochen lassen.

3. Die Kartoffeln abgießen, kurz ausdampfen lassen, pellen und noch warm durch die Kartoffelpresse drücken. Mehl und Grieß unterheben, mit Salz und Muskat würzen und alles zu einem Teig verkneten. In 4 Portionen teilen, jeweils auf einer bemehlten Arbeitsfläche zu 2 cm dicken Rollen formen und in 1 cm breite Stücke schneiden. Diese zu Kugeln drehen und mit einer Gabel etwas flach drücken, sodass ein Rillenmuster entsteht. Gnocchi auf ein mit Grieß bestreutes Blech legen.

4. Reichlich Wasser aufkochen und salzen. Gnocchi portionsweise hineingeben. Kurz aufkochen und bei mittlerer Hitze 2–3 Min. ziehen lassen, bis sie an die Oberfläche steigen. Mit einer Schaumkelle herausnehmen und in einem Sieb abtropfen lassen.

5. Rucola waschen, trocken schütteln und grobe Stiele abknipsen. Die Blätter fein schneiden. Den Parmesan grob reiben. Gnocchi mit der Tomatensauce mischen, Rucola und Käse darüberstreuen.

★ VARIANTE Statt Parmesan zur Abwechslung Feta (Schafkäse in Salzlake) klein schneiden und über die Gnocchi streuen.

★ SERVIER-TIPP Für zwei Personen sind die Gnocchi eine sättigende Mahlzeit, für vier eine feine, mediterrane Vorspeise.

FÜR 2 PERSONEN
ZUBEREITUNG: 60 MIN.
PRO PORTION CA. 410 KCAL
19 g EW, 12 g F, 56 g KH

FÜR DIE GNOCCHI:
400 g mehligkochende Kartoffeln
Salz
100 g Mehl
100 g Hartweizengrieß
frisch geriebene Muskatnuss
Mehl zum Ausrollen
Grieß für das Blech

FÜR DIE TOMATENSAUCE:
1 Zwiebel
1 Knoblauchzehe
2 EL Olivenöl
400 g gehackte Tomaten (Dose)
200 g passierte Tomaten (Dose)
Salz, schwarzer Pfeffer
1 Prise Zucker
50 g Rucola
100 g Parmesan

KARTOFFELPFANNE PROVENÇALE

1. Die Kartoffeln waschen und je nach Größe halbieren oder vierteln. Mit einem Tuch gut trocken tupfen. Die Bohnen nach Packungsangabe in 1/8 l kochendes Salzwasser geben. Zugedeckt bei mittlerer Hitze 5 Min. garen. Abgießen, abschrecken und gut abtropfen lassen.

2. In einer großen Pfanne 1 EL Öl erhitzen. Den Speck in kleine Würfel schneiden und darin kross ausbraten. Herausnehmen und beiseitestellen. Das übrige Öl erhitzen. Die rohen Kartoffeln hineingeben, bei mittlerer Hitze unter Wenden 2–3 Min. anbraten. Salzen, pfeffern und weitere 10 Min. braten.

3. Die Schalotten abziehen und in Spalten schneiden. Knoblauchzehen abziehen und in Scheiben schneiden. Kräuter abbrausen, trocken schütteln und grob schneiden. Butter in der Pfanne mit den Kartoffeln zerlassen. Schalotten, Knoblauch, Bohnen und Kräuter dazugeben und 10 Min. weiterbraten. Salzen und pfeffern. Speck darüberstreuen und servieren.

* SPEED-TIPP Wenn Sie die Bratkartoffeln aus kleinen Pellkartoffeln (am Vortag gekocht!) zubereiten, verkürzt sich die Bratzeit auf etwa 10 Min.

FÜR 2 PERSONEN
ZUBEREITUNG: 40 MIN.
PRO PORTION CA. 415 KCAL
8 g EW, 27 g F, 35 g KH

- 400 g kleine festkochende Kartoffeln
- 150 g grüne Prinzessbohnen (TK)
- Salz
- 2 EL Olivenöl
- 50 g geräucherter Bauchspeck
- schwarzer Pfeffer
- 100 g Schalotten
- 2 Knoblauchzehen
- 1 Zweig Rosmarin
- 4 Zweige Thymian
- 1 EL Butter

22 * KARTOFFELN

ZUCCHINI-RÖSTI-KUCHEN

FÜR 4 PERSONEN
ZUBEREITUNG: 30 MIN.
ABKÜHLZEIT: 4 STD.
BACKZEIT: 40–45 MIN.
PRO PORTION CA. 470 KCAL
17 g EW, 33 g F, 26 g KH

700 g festkochende Kartoffeln
Salz
200 g Zucchini
1 Zwiebel
8 Zweige Thymian (ersatzweise 3 TL getrockneter)

200 g Crème fraîche
3 Eier
schwarzer Pfeffer
1 TL edelsüßes Paprikapulver
Butter für die Form
100 g Emmentaler

1. Kartoffeln waschen, in einem Topf mit 1 l leicht gesalzenem Wasser aufkochen und je nach Größe zugedeckt bei mittlerer Hitze in 15–20 Min. nicht ganz gar kochen. Abgießen und mindestens 4 Std. abkühlen lassen.

2. Ofen auf 200° vorheizen. Zucchini waschen, putzen und auf der Gemüsereibe grob raspeln. Zwiebel abziehen und fein hacken. Die Kartoffeln schälen und auf einer Reibe ebenfalls grob raspeln. Thymian abbrausen, trocken schütteln, Blättchen abzupfen und fein schneiden. Kartoffeln, Zucchini, Zwiebel und Thymian locker mischen.

3. Crème fraîche mit den Eiern, Salz, Pfeffer und Paprikapulver verrühren. Die Mischung vorsichtig unter die Kartoffelmasse mischen. Eine ofenfeste Gratinform (Ø 26 cm) mit Butter ausstreichen. Die Kartoffelmasse darin verteilen. Im heißen Ofen (Umluft 180°) auf der 2. Schiene von unten 40–45 Min. backen.

4. Inzwischen den Käse entrinden, nicht zu fein reiben und nach 30 Min. auf den Röstikuchen streuen.

* SERVIER-TIPP Mit einem grünen Salat wird aus dem Röstikuchen eine vegetarische Mahlzeit für zwei. Für vier reicht er als Beilage, z. B. zu gebratenen Steaks oder knusprigen Schweinelendchen.

WÜRZKARTOFFELN VOM BLECH

FÜR 2 PERSONEN
ZUBEREITUNG: 20 MIN.
BACKZEIT: 30–40 MIN.
PRO PORTION CA. 300 KCAL
5 g EW 14 g F, 38 g KH

- 1 kg kleine festkochende Kartoffeln
- 6 EL Olivenöl
- 2 TL edelsüßes Paprikapulver
- 1 TL rosenscharfes Paprikapulver
- 2 Knoblauchzehen
- 1 TL gemahlener Kreuzkümmel (nach Belieben)
- 1 EL Meersalz
- Öl für das Blech

1. Den Backofen auf 220° vorheizen. Die Kartoffeln gründlich waschen, abbürsten und längs halbieren.

2. In einer Schüssel das Öl mit beiden Paprikasorten mischen. Knoblauchzehen abziehen und dazupressen. Alles mit dem Kreuzkümmel und Meersalz vermischen. Kartoffeln in die Schüssel geben und in den Gewürzen wenden, bis sie ganz davon überzogen sind.

3. Ein Backblech einölen. Die Kartoffeln mit den Schnittflächen nach oben auf das Blech setzen und im heißen Ofen 30–40 Min. (2. Schiene von unten; Umluft 200° und 10 Min. kürzer) backen.

*** DAS SCHMECKT DAZU** Servieren Sie die Kartoffeln mit Joghurt und Salat für zwei Personen oder für vier Personen als Beilage zu kurz gebratenem Fleisch, z. B. Lammkoteletts.

BACKKARTOFFELN MIT KREBS-DILL-CREME

FÜR 2 PERSONEN
ZUBEREITUNG: 20 MIN.
BACKZEIT: 75 MIN.
PRO PORTION CA. 490 KCAL
12 g EW, 33 g F, 37 g KH

- 2 große mehligkochende Kartoffeln (je ca. 250 g)
- 2 TL Pflanzenöl
- 150 g Crème fraîche
- 1 TL geriebener Meerrettich (Glas)
- Salz, schwarzer Pfeffer
- einige Spritzer Zitronensaft
- 1 EL Butter
- 70 g Krebsfleisch (Kühlregal)
- 4 kleine Dillzweige
- Alufolie zum Einwickeln

1. Den Backofen auf 220° vorheizen. Kartoffeln gründlich waschen, abtrocknen und mit einer Gabel mehrmals einstechen. Für jede Kartoffel ein ausreichend großes Stück Alufolie mit je 1 TL Öl bestreichen und die Kartoffeln einzeln fest darin einwickeln. Auf den Rost legen und im Ofen (Mitte, Umluft 200°) 75 Min. backen.

2. Etwa 10 Min. vor dem Servieren die Crème fraîche mit dem Meerrettich glatt verrühren. Mit Salz, Pfeffer und Zitronensaft würzen.

3. Die fertigen Kartoffeln in der Folie auf je 1 Teller legen. Folie öffnen, Kartoffeln kreuzweise einschneiden und auseinanderdrücken. Salzen, Butterflöckchen darauf verteilen und schmelzen lassen. Etwas Sauce in die Öffnungen geben und Krebsfleisch darauf verteilen. Mit den Dillzweigen garnieren.

* **SPEED-TIPP** Wenn es schnell gehen soll: Kartoffeln in der Schale 30 Min. vorkochen, dann abgießen, abtrocknen und in Folie eingewickelt noch 20–25 Min. im Ofen backen.

NUDELN

CRASHKURS NUDELN

Spaghetti aus Hartweizen rangieren ganz oben auf der Hitliste der Pastasorten. Der Nudelklassiker passt zu allen sämigen Saucen.

Fusilli integrali sind spindelförmig gedrehte Nudeln aus Vollkorn-Hartweizengrieß. Sie nehmen gut reichhaltige Saucen auf.

Tagliatelle sind 5–8 mm breite, lange Eierteigstreifen. Sie sind perfekt für Sahnesaucen, die optimal an den Nudeln haften.

Mie-Nudeln aus Weizenmehl mit und ohne Ei sind in wenigen Minuten gar. Sie schmecken in Suppen und gebraten in Wokgerichten.

KLEINE NUDELKUNDE

Es ist eine Frage des Geschmacks, für welchen Nudel-Typ Sie sich erwärmen – die klassische italienische Pasta aus Hartweizengrieß und Wasser oder für die üppigere mit Ei.

Hartweizennudeln bleiben durch den hohen Anteil an Klebereiweiß beim Kochen gut in Form – »al dente« bewahren Spaghetti oder Fusilli im Inneren einen zarten, kernigen Biss.

Eiernudeln werden durch die Zugabe von frischem Ei leicht gelb und nach dem Kochen geschmeidiger. Sie sind gehaltvoll und sehr schmackhaft, vor allem als frische Pasta in Form von Bandnudeln, gefüllten Ravioli und Tortellini.

Vollkornnudeln oder »Pasta integrali« werden aus 100 % ganzen, gemahlenen Hartweizenkörnern hergestellt. Es gibt sie erst seit kurzem bei uns im Handel. Sie sind reich an Ballaststoffen und daher dunkler und kräftiger im Geschmack als helle Nudeln.

Asia-Nudeln werden aus Weizenmehl, mal mit, mal ohne Ei (Weizennudeln), aus Mungo- oder Sojabohnen (Glasnudeln), Reis (Reisnudeln) oder Buchweizen (Sobanudeln) hergestellt. Sie haben meist kurze Garzeiten (bitte die Packungsangabe beachten!) und sind ideal für Suppen, Salate und Pfannengerichte.

WELCHE NUDEL ZU WELCHER SAUCE?

Pasta gibt es in vielen verschiedenen Formen, frisch und getrocknet, teilweise gefärbt mit Spinat, Kräutern oder Tomatenmark. Allgemein gilt: Dünne Sorten wie Spaghetti kombinieren Sie am besten mit leichten Saucen, dickere Nudeln wie Tortiglioni mit gehaltvolleren, stückigen Saucen.

1. NUDELN KOCHEN

1. In einem größeren Topf 2 l Wasser aufkochen. 2 TL Salz (pro Liter 1 TL Salz) und 200 g Nudeln (pro Portion 100 g Nudeln) hineingeben.

2. Die Nudeln mit einem Kochlöffel nach unten drücken und offen bei mittlerer Hitze in 8–10 Min. bissfest garen. Ab und zu umrühren.

3. Nach 7–8 Min. eine Nudel probieren: Sie sollte »al dente« (bissfest) sein. Nudeln dann sofort abgießen und kurz abtropfen lassen.

2. SPÄTZLE ZUBEREITEN

1. 200 g Mehl, 2 Eier, 50 ml Wasser und 1/2 TL Salz mit einem Kochlöffel so lange schlagen, bis der Teig Blasen wirft. 10 Min. ruhen lassen.

2. In einem großen Topf 2 l Wasser mit 2 TL Salz aufkochen. Teig portionsweise durch eine Spätzlepresse in das siedende Wasser drücken.

3. Spätzle jeweils 2 Min. kochen. Steigen sie an die Oberfläche, sind sie gar. Herausnehmen, kalt abschrecken und abtropfen lassen.

3. GLASNUDELN EINWEICHEN

1. 50 g Glasnudeln in einer Schüssel mit kochendem Wasser übergießen und 10 Min. ziehen lassen.

2. Die transparenten, leicht bissfesten Glasnudeln in ein Sieb abgießen und gut abtropfen lassen.

3. Die Nudeln mit einer Schere in etwa 4 cm lange Stücke schneiden. Für Salat oder Suppe verwenden.

NUDELN – GRUNDREZEPTE * 29

PENNE IN TOMATENSAUCE

FÜR 2 PERSONEN
ZUBEREITUNG: 30 MIN.
PRO PORTION CA. 480 KCAL
19 g EW 10 g F, 81 g KH

- 1 kleine Zwiebel
- 2 Knoblauchzehen
- 1 EL Olivenöl
- 1 TL getrocknete italienische Kräuter
- 1 Dose geschälte Tomaten (240 g Abtropfgewicht)
- Salz, schwarzer Pfeffer
- 200 g Penne (schräge Röhrennudeln)
- 1 Prise Zucker
- 2 EL frisch geriebener Parmesankäse
- 2–3 Stängel Basilikum

1. Zwiebel und Knoblauchzehen abziehen und fein würfeln. Das Öl in einem Topf erhitzen. Zwiebel, Knoblauch und Kräuter dazugeben und bei geringer Hitze andünsten. Tomaten mit Saft hinzufügen und mit einem Kochlöffel zerdrücken. Mit Salz und Pfeffer würzen, aufkochen und bei starker Hitze in 15 Min. dicklich einkochen.

2. Gleichzeitig für die Nudeln reichlich Salzwasser zum Kochen bringen. Die Nudeln darin nach Packungsanweisung bissfest garen.

3. Die Tomatensauce mit Salz, Pfeffer und Zucker würzen. Die Nudeln abgießen, 1/2 Tasse Kochwasser auffangen. Nudeln mit der Tomatensauce und dem Kochwasser vermischen. Auf tiefe Teller verteilen. Mit Parmesan und abgezupften Basilikumblättern bestreuen.

SCHINKEN-LAUCH-MAKKARONI

FÜR 2 PERSONEN
ZUBEREITUNG: 30 MIN.
PRO PORTION CA. 700 KCAL
22 g EW, 40 g F, 66 g KH

Salz
150 g Makkaroni
1 Zwiebel
1 Knoblauchzehe
1 große Stange Lauch
 (ca. 400 g)

100 g magerer roher
 Schinken, z. B. Katenschinken
2 EL Pflanzenöl
schwarzer Pfeffer

frisch geriebene
 Muskatnuss
100 ml Gemüsebrühe
100 g Sahne
2 TL heller Saucenbinder

1. In einem Topf 1 1/2 l Wasser mit etwas Salz zum Kochen bringen. Die Makkaroni hineingeben und nach Packungsangabe in etwa 10 Min. bissfest garen.

2. Inzwischen Zwiebel und Knoblauchzehe abziehen und fein würfeln. Lauch putzen, längs halbieren und gründlich waschen. Die Hälften schräg in Stücke schneiden, sodass Rauten entstehen. Schinken in kleine Würfel schneiden.

3. Das Öl in einer beschichteten Pfanne erhitzen. Zwiebel und Knoblauch darin glasig braten. Schinkenwürfel und Lauch dazugeben, 3 Min. anbraten. Kräftig mit Salz, Pfeffer und Muskat würzen. Brühe dazugießen und alles zugedeckt bei geringer Hitze 3 Min. dünsten.

4. Die Makkaroni in ein Sieb abgießen, kurz abtropfen lassen und unter das Lauchgemüse mischen. Sahne und Saucenbinder unterrühren. Die Makkaroni-Mischung kurz aufwallen lassen und gleich servieren.

* VARIANTE Für eine ebenso herzhafte Mischung können Sie den Lauch durch Spitzkohl ersetzen.

RAVIOLI IN KÄSE-ZITRONEN-SAUCE

1. In einem Topf 1 l Salzwasser aufkochen. Ravioli hineingeben und nach Packungsangabe 2–3 Min. bei geringer Hitze ziehen lassen. Sie sind gar, sobald sie nach oben steigen.

2. Inzwischen die Pinienkerne in einer Pfanne ohne Fettzugabe anrösten. Vom Herd nehmen und abkühlen lassen. Zitrone heiß waschen und abtrocknen. 2 breite Streifen Schale abschälen und in feine Streifen schneiden. Schnittlauch waschen, trocken schütteln und in feine Röllchen schneiden.

3. Die Sahne in einer Pfanne bei mittlerer Hitze um etwa ein Drittel einkochen. Gorgonzola klein würfeln, hinzufügen und unter Rühren schmelzen. Sauce vom Herd nehmen und das Eigelb am besten mit einem Schneebesen unterrühren. Die Sauce mit Salz, Pfeffer und Muskat würzen.

4. Ravioli abgießen, in einem Sieb abtropfen lassen und mit der Käsesauce, Zitronenschale und der Hälfte des Schnittlauchs vermischen. Salzen, pfeffern, mit dem übrigen Schnittlauch und den Pinienkernen bestreuen.

FÜR 2 PERSONEN
ZUBEREITUNG: 30 MIN.
PRO PORTION CA. 700 KCAL
21 g EW, 52 g F, 36 g KH

- Salz
- 250 g grüne und weiße Ravioli (Fertigprodukt; Kühlregal)
- 2 EL Pinienkerne
- 1/2 Bio-Zitrone
- 1/2 Bund Schnittlauch
- 125 g Sahne
- 75 g Gorgonzola-Käse
- 1 Eigelb
- schwarzer Pfeffer
- frisch geriebene Muskatnuss

BOHNEN-TAGLIATELLE MIT PESTO

FÜR 2 PERSONEN
ZUBEREITUNG: 40 MIN.
PRO PORTION CA. 670 KCAL
21 g EW, 26 g F, 89 g KH

FÜR DAS PESTO:
1 EL Pinienkerne
1 Bund Basilikum
  (ca. 20 g Blätter)
1 Knoblauchzehe
Salz

2 EL frisch geriebener
  Parmesan oder Pecorino
40–50 ml kalt gepresstes
  Olivenöl
schwarzer Pfeffer

FÜR DIE NUDELN:
Salz
1 mehlkochende Kartoffel
100 g grüne Bohnen
200 g Tagliatelle
  (Bandnudeln)

1. Für das Pesto die Pinienkerne in einer Pfanne ohne Fettzugabe goldbraun rösten, dann herausnehmen und abkühlen lassen.

2. Basilikumblätter abzupfen, abreiben und grob schneiden. Knoblauchzehe abziehen und hacken. Basilikum, Pinienkerne und Knoblauch mit dem Pürierstab mixen, nach und nach 1/4 TL Salz, dann Parmesan oder Pecorino dazugeben und alles zu einer dicken Paste verrühren. Das Öl in dünnem Strahl einlaufen lassen und gründlich untermischen. Mit Pfeffer würzen. Das Pesto abgedeckt beiseitestellen, bis die Nudeln fertig sind.

3. In einem großen Topf 2 l Wasser mit 2 TL Salz zum Kochen bringen. Inzwischen die Kartoffel waschen, schälen und klein würfeln. Bohnen waschen, Endstücke abschneiden, Bohnen ein- bis zweimal durchschneiden. Kartoffel, Bohnen und Nudeln ins kochende Salzwasser geben und in 8–10 Min. bissfest garen.

4. Kartoffeln, Bohnen und Nudeln in ein Sieb abgießen, kurz abtropfen lassen, dabei 2–3 EL Kochwasser auffangen. Die Nudel-Kartoffel-Mischung mit dem Pesto und evtl. etwas Kochwasser verrühren.

ITALIENISCHER NUDELSALAT

FÜR 2 PERSONEN
ZUBEREITUNG: 30 MIN.
KÜHLZEIT: 15 MIN.
PRO PORTION CA. 510 KCAL
21 g EW, 26 g F, 51 g KH

Salz
250 g Tortiglioni
   (dicke Röhrennudeln)
100 g dünn geschnittene
   Salami

150 g Mozzarellakugeln
250 g Kirschtomaten
50 g Rucola
4–5 EL Weißweinessig
1 EL grobkörniger Senf

schwarzer Pfeffer
4 EL Gemüsebrühe
4 EL Olivenöl

1. In einem großen Topf 2 1/2 l Wasser zum Kochen aufsetzen und salzen. Die Nudeln darin nach Packungsangabe bissfest garen.

2. Inzwischen die Salamischeiben in knapp 1 cm breite Streifen schneiden. Mozzarella abtropfen lassen und halbieren. Tomaten waschen und vierteln. Rucola waschen, trocken schleudern und grobe Stiele abknipsen. Die Blätter grob schneiden.

3. Die Nudeln abgießen, abschrecken und gut abtropfen lassen. Essig, Senf, Salz, Pfeffer und Brühe verrühren. Das Öl unterschlagen. Alle Salatzutaten mit den Nudeln und der Sauce mischen. Salat vor dem Servieren 15 Min. im Kühlschrank durchziehen lassen.

* SERVIER-TIPP Raffinierter Imbiss für vier oder sättigendes Gericht für zwei Personen.

GRÜNE NUDELSUPPE

FÜR 2 PERSONEN
ZUBEREITUNG: 30 MIN.
PRO PORTION CA. 290 KCAL
12 g EW, 12 g F, 35 g KH

- 300 g Mangold
- 200 g Zuckerschoten
- 200 g TK-Erbsen
- 1 Zwiebel
- 50 g geräucherter Bauchspeck
- 1 EL Butter
- 2 Knoblauchzehen
- 1 1/4 l Gemüsebrühe
- 125 g kleine Nudeln
- Salz, schwarzer Pfeffer

1. Den Mangold waschen und putzen. Stiele abschneiden und klein würfeln, Blätter in Streifen schneiden. Zuckerschoten waschen und schräg halbieren. Erbsen antauen lassen. Zwiebel abziehen und fein würfeln. Speck klein würfeln.

2. In einem Topf die Butter zerlassen, Speck darin auslassen. Zwiebel und Mangoldstiele zufügen und 2 Min. bei mittlerer Hitze andünsten. Knoblauchzehen abziehen und dazupressen. Mit Brühe auffüllen und langsam zum Kochen bringen.

3. Zuckerschoten, Erbsen und Nudeln dazugeben und 6–8 Min. bei geringer Hitze garen. Die Mangoldblätter hinzufügen und alles erneut kurz aufkochen. Die Suppe mit Salz und Pfeffer abschmecken.

* **SERVIER-TIPP** Wenn die Suppe als Hauptgericht serviert werden soll, reicht sie für zwei Personen, als kleine Zwischenmahlzeit oder Vorspeise für vier.

GEMÜSE-FARFALLE MIT THUNFISCH

1. In einem großen Topf 2 l Wasser aufkochen lassen, salzen und die Nudeln darin nach Packungsangabe in 8–10 Min. bissfest garen.

2. Inzwischen den Thunfisch abtropfen lassen und mit einer Gabel grob zerpflücken. Zwiebel abziehen, halbieren und in Streifen schneiden. Knoblauch abziehen und in feine Stifte schneiden. Spitzkohl waschen, putzen und in 2 cm breite Streifen schneiden. Paprika waschen, putzen und klein würfeln. Möhren putzen, schälen und schräg in dünne Scheiben schneiden.

3. Das Öl in einer großen Pfanne erhitzen. Zwiebel, Knoblauch und Möhren darin 2 Min. bei mittlerer Hitze anbraten. Paprikawürfel und Kohlstreifen dazugeben und 3 Min. mitbraten. Alles kräftig mit Salz und Pfeffer würzen, dann mit der Brühe ablöschen. Den Thunfisch dazugeben und 5 Min. bei geringer Hitze dünsten. Die Nudeln abgießen, kurz abtropfen lassen und unter das Gemüse mischen.

* VARIANTE Statt des Thunfischs 100 g gekochten, klein gewürfelten Schinken daruntergeben.

FÜR 2 PERSONEN
ZUBEREITUNG: 30 MIN.
PRO PORTION CA. 690 KCAL
32 g EW 26 g F, 84 g KH

Salz
200 g Farfalle (Schmetterlingsnudeln)
1 Dose Thunfisch in Olivenöl (Abtropfgewicht 140 g)
1 rote Zwiebel
1 Knoblauchzehe
150 g Spitzkohl (oder junger Weißkohl)
1 kleine rote Paprikaschote
2 Möhren
2 EL Olivenöl
schwarzer Pfeffer
1/8 l Gemüsebrühe

SPAGHETTI AGLIO E OLIO MIT MUSCHELN

FÜR 2 PERSONEN
ZUBEREITUNG: 40 MIN.
PRO PORTION CA. 700 KCAL
22 g EW 29 g F, 88 g KH

500 g Miesmuscheln
6 EL Olivenöl
2–3 Knoblauchzehen
2–3 getrocknete Chilischoten
1/2 Bund Petersilie

Salz
200 g Spaghetti
150 g TK-Erbsen
2 EL Zitronensaft
schwarzer Pfeffer

1. Die Muscheln unter fließendem Wasser gründlich waschen. Geöffnete Muscheln wegwerfen (Grundrezept Seite 157). In einer großen Pfanne 1 EL Öl erhitzen, Muscheln darin 5 Min. bei starker Hitze dünsten, bis sich die Schalen geöffnet haben. Auf ein Sieb geben, das Muschelfleisch aus der Schale lösen. Muscheln, die sich nicht geöffnet haben, wegwerfen. Den Muschelsud durch ein feines Sieb gießen und beiseitestellen.

2. In einem großen Topf 2 l Wasser aufkochen. Die Knoblauchzehen abziehen und in dünne Scheiben schneiden. Die Chilischoten längs halbieren, entkernen und die Fruchthälften zerbröseln. Petersilie waschen, trocken schütteln, Blätter abzupfen und schneiden.

3. Salz ins Kochwasser geben, Nudeln hinzufügen und nach Packungsangabe bei mittlerer Hitze offen in 8–10 Min. bissfest garen. 5 Min. vor Ende der Garzeit Erbsen dazugeben und bis zum Schluss mitkochen.

4. Gleichzeitig das übrige Olivenöl in einer großen Pfanne nicht zu stark erhitzen. Knoblauch und Chilis bei geringer Hitze 2–3 Min. braten. Muscheln und 100 ml Muschelsud zufügen. Nudeln und Erbsen abgießen, tropfnass in die Pfanne geben. Petersilie und Zitronensaft untermischen, salzen und pfeffern.

SPAGHETTI BOLOGNESE

1. Die Möhre schälen, Sellerie waschen und putzen, beides sehr klein würfeln. Den Speck ebenfalls in kleine Würfel schneiden. Zwiebel und Knoblauch abziehen und fein hacken.

2. Die Butter und das Öl in einer großen Pfanne erhitzen. Speck, Gemüse, Zwiebel und Knoblauch dazugeben und 3 Min. andünsten. Hackfleisch untermischen und unter Rühren mitgaren, bis es braun und krümelig ist.

3. Tomaten mit Saft, Wein und Brühe dazugießen. Tomaten mit einem Kochlöffel zerdrücken. Alles mit den Kräutern, Salz und Pfeffer würzen und zugedeckt bei geringer Hitze 1 Std. schmoren lassen.

4. Etwa 30 Min. vor Ende der Garzeit in einem großen Topf 2 l Wasser aufkochen und kräftig salzen. Spaghetti hineingeben und nach Packungsangabe in 8–10 Min. bissfest garen. Das Ragout noch einmal abschmecken. Die Nudeln abgießen, kurz abtropfen lassen, mit der Bolognesesauce mischen und in tiefe Teller verteilen. Mit dem Parmesan bestreuen und gleich servieren.

★ TUNING-TIPP Das Ragout zum Schluss mit 2–3 EL Sahne verfeinern und noch 10 Min. leicht kochen lassen. Die doppelte Menge der Sauce als Grundlage für eine Lasagne verwenden (Seite 41).

FÜR 2 PERSONEN
ZUBEREITUNG: 35 MIN.
GARZEIT: 60 MIN.
PRO PORTION CA. 800 KCAL
38 g EW 34 g F, 82 g KH

1 kleine Möhre
1 dünne Stange Staudensellerie
30 g durchwachsener Räucherspeck
1 kleine Zwiebel
1 Knoblauchzehe
2 TL Butter
1 EL Olivenöl
150 g gemischtes Hackfleisch
1 Dose geschälte Tomaten
   (240 g Abtropfgewicht)
je 75 ml Rotwein und Fleischbrühe
   (oder nur Fleischbrühe)
1/2 TL getrocknete italienische Kräuter
Salz, schwarzer Pfeffer
200 g Spaghetti
2–3 EL frisch geriebener Parmesan

KÄSESPÄTZLE
MIT TOMATEN

1. Mehl, 1/4 TL Salz, Eier und 5 EL Wasser in einer Schüssel zu einem glatten Teig rühren (Grundrezept Seite 29). 10 Min. ruhen lassen.

2. Inzwischen in einem großen Topf 2–3 l Wasser mit Salz aufkochen. Teig portionsweise durch eine Spätzlepresse ins kochende Salzwasser drücken. Jeweils kurz aufkochen, Spätzle mit einer Schaumkelle herausheben und gut abtropfen lassen.

3. Backofen auf 150° vorheizen. Frühlingszwiebeln putzen, waschen und nur das Weiße und Hellgrüne schräg in 1 cm schmale Ringe schneiden. Tomaten waschen, vierteln, entkernen und in Spalten schneiden. Petersilie waschen, trocken schütteln, abzupfen und fein schneiden. Käse grob raspeln.

4. Die Spätzle in einer Auflaufform mit den Frühlingszwiebeln, Tomaten, Käse und Petersilie mischen. Salzen, pfeffern und im vorgeheizten Ofen (Mitte, Umluft 130°) 12 Min. backen.

* DAS SCHMECKT DAZU Ein grüner Salat mit Vinaigrette (Essig-Öl-Marinade, Grundrezept Seite 79).

FÜR 2 PERSONEN
ZUBEREITUNG: 60 MIN.
PRO PORTION CA. 575 KCAL
29 g EW, 18 g F, 73 g KH

200 g Mehl
Salz
2 Eier
1 Bund Frühlingszwiebeln

150 g kleine Tomaten
1/2 Bund Petersilie
75 g Emmentaler
schwarzer Pfeffer

KALBFLEISCH-LASAGNE ALLA BOLOGNESE

FÜR 4 PERSONEN
ZUBEREITUNG: 60 MIN.
GARZEIT: 60 MIN.
BACKZEIT: 45 MIN.
PRO PORTION CA. 625 KCAL
31 g EW, 31 g F, 51 g KH

FÜR DAS RAGOUT:
Rezept der Sauce bolognese (Seite 39) mit der doppelten Menge an Zutaten und 300 g Kalbsschnitzel statt Hackfleisch

FÜR DIE BÉCHAMELSAUCE:
50 g Butter
50 g Mehl
3/4 l Milch
Salz, schwarzer Pfeffer
frisch geriebene Muskatnuss

FÜR DIE LASAGNE:
300 g Lasagneblätter (18 Stück)
120 g frisch geriebener Parmesan
2 EL Butter
Fett für die Form

1. Die Bolognesesauce nach dem Rezept auf Seite 39 mit Kalbfleisch zubereiten. Dazu das Fleisch sehr fein würfeln oder hacken (vom Metzger machen lassen).

2. Für die Béchamelsauce (Grundrezept Seite 98) die Butter in einem hohen Topf schmelzen lassen. Mehl auf einmal dazugeben und unter Rühren hellbraun anschwitzen. Die Milch dazuschütten und mit dem Schneebesen rühren, sodass sich keine Klümpchen bilden. Sauce bei geringer Hitze 10 Min. kochen lassen. Mit Salz, Pfeffer und Muskat abschmecken und beiseitestellen.

3. Den Backofen auf 200° vorheizen. Eine große rechteckige, ofenfeste Form einfetten. 1 Suppenkelle mit Béchamelsauce einfüllen, darauf leicht überlappend 1 Schicht Lasagneblätter legen. Dann je 1 Suppenkelle mit Béchamelsauce und eine mit Hacksauce darauf verteilen und mit 1 EL Parmesan bestreuen. So weiterschichten, bis alle Zutaten verbraucht sind. Die letzte Schicht sollte aus Béchamelsauce bestehen. Mit dem restlichen Käse bestreuen und Butterflöckchen belegen. Lasagne im Ofen (Mitte, Umluft 180°) 45 Min. backen.

* TIPP Achten Sie beim Einschichten der rohen Lasagneblätter darauf, dass sie vollständig mit Ragout bedeckt sind, sonst werden sie nicht weich.

GLASNUDELSALAT
MIT SHRIMPS

1. Die Glasnudeln mit kochendem Wasser übergießen und 10 Min. ziehen lassen (Grundrezept Seite 29).

2. Inzwischen für das Dressing den Limettensaft, Sojasauce, Zucker, Salz, Pfeffer und Sesamöl verrühren. Die Tomaten waschen, vierteln und entkernen. Die Gurke schälen, längs halbieren und die Kerne mit einem Löffel herausschaben. Tomaten und Gurke in kleine Würfel schneiden. Chilischote putzen, entkernen und winzig klein würfeln. Die Shrimps in einem Sieb abbrausen und abtropfen lassen.

3. Die Glasnudeln abgießen, abtropfen lassen und mit einer Schere in Stücke schneiden. Tomaten, Gurken, Chilischote und Shrimps unter die Sauce mischen. Glasnudeln unterheben.

* **WÜRZ-VARIANTE** Typisch thailändisch: Den Salat mit je 2 TL Sojasauce und Fischsauce (aus dem Asienregal im Supermarkt) würzen und grob geschnittene Blätter von 3–4 Zweigen Koriandergrün unterheben.

FÜR 2 PERSONEN
ZUBEREITUNG: 20 MIN.
PRO PORTION CA. 155 KCAL
8 g EW, 6 g F, 18 g KH

50 g Glasnudeln
FÜR DAS DRESSING:
2 EL Limettensaft
1 EL Sojasauce
1–2 TL brauner Zucker
Salz, schwarzer Pfeffer
1 EL Sesamöl

FÜR DEN SALAT:
1–2 Tomaten (ca. 100 g)
1 Mini-Salatgurke
1 kleine rote Chilischote
100 g geschälte und gegarte Shrimps

GEBRATENE NUDELN MIT ANANAS UND PUTE

FÜR 2 PERSONEN
ZUBEREITUNG: 35 MIN.
PRO PORTION 555 KCAL
32 g EW, 19 g F, 67 g KH

Salz
125 g asiatische Eiernudeln
200 g Putenschnitzel
50 g Shiitakepilze
 (ersatzweise Egerlinge)
3 Frühlingszwiebeln
1 kleine rote Chilischote
1 Stück Ingwer (ca. 2 cm)

1 Stück frische Ananas
 (ca. 250 g)
2 EL Pflanzenöl
2 EL Sojasauce
1 EL süßscharfe Chilisauce
 (Asienregal)
schwarzer Pfeffer

1. In einem Topf 1 l Wasser aufkochen, salzen und die Nudeln darin nach Packungsangabe 4–5 Min. garen.

2. Inzwischen das Fleisch mit Küchenpapier trocken tupfen und in feine Streifen schneiden. Die Pilze abreiben, Stiele herausschneiden und entfernen. Die Hüte in feine Streifen schneiden. Frühlingszwiebeln waschen, putzen, dunkle, verwelkte Teile entfernen. Die Zwiebeln in feine Ringe schneiden. Chilischote putzen, längs aufschneiden, entkernen und in feine Ringe schneiden. Ingwer abziehen und winzig klein würfeln. Die Ananas schälen, vom Strunk befreien und das Fruchtfleisch in kleine Stücke schneiden. Die Nudeln abgießen und gut abtropfen lassen.

3. In einer großen Pfanne oder im Wok 1 EL Öl sehr heiß werden lassen. Das Fleisch hineingeben und 1–2 Min. unter Rühren braun braten. Aus der Pfanne nehmen.

4. Das übrige Öl erhitzen. Frühlingszwiebeln, Shiitakepilze, Ingwer und Chilischote darin anbraten. Ananasstücke und Nudeln dazugeben und unter Rühren 2 Min. braten. Dann das Fleisch untermischen und alles mit Sojasauce, Chilisauce, Salz und Pfeffer würzen.

★ WÜRZ-TIPP Die Nudeln zusätzlich mit 1–2 TL Limetten- oder Zitronensaft abschmecken.

REIS

CRASHKURS REIS

Patnareis Der Topseller unter den Langkornsorten kocht sich weiß und körnig. Dezent aromatisch passt er gut zu kräftigen Speisen mit Sauce.

Arborio Die bekannteste italienische Risotto-Sorte. Ihre ovalen, kurzen und gedrungenen Körner quellen cremig und weich.

Parboiled Naturreis Der Quickie aus dem Portionsbeutel benötigt nur 10 Min. Garzeit. Sein Geschmack ist kräftig und leicht nussig.

Bulgur ist vorgegarter, geschroteter Hartweizen, der schon in warmem Wasser quillt. Schmeckt als Beilage, in Suppen, Salaten.

REISTYPEN

Körner in Hülle und Fülle! Bei Reis unterscheidet man grundsätzlich zwei Typen: Langkorn- und Rundkornreis.

Langkornreis hat lange Körner. Sie werden locker und kernig, da sie nur wenig Stärke enthalten. Als Allrounder vielseitig verwendbar. Varietäten: Patnareis und aromatischer Basmatireis – super zu asiatischen Gerichten.

Rundkornreis enthält mehr Stärke, die er beim Kochen abgibt. Dadurch wird er weich. Da die einzelnen Körner gut aneinanderhaften, eignet er sich perfekt für Süßspeisen, Risotto und Paella. Varietäten: Milchreis, Arborio- und Carnaroli-Reis für Risotto.

Beide Reissorten gibt es als weißen Reis, parboiled und als Naturreis.

REISSORTEN

Weißer Reis Seine geschälten und polierten Körner sind lose sowie im Kochbeutel erhältlich und ideal für vorgegarten Reis mit kurzer Kochzeit.

Parboiled Reis ist geschält und poliert, doch durch ein Veredelungsverfahren bleibt der größte Teil der wertvollen Nährstoffe im Korn erhalten.

Naturreis oder **Vollkornreis** Die Körner sind geschält, aber noch von nährstoffreichen Silberhäutchen umgeben. Er hat einen kräftigen, leicht nussigen Geschmack und braucht 35–45 Min., um gar zu werden.

SONDERFÄLLE

Wildreis ist kein Reis, sondern das Korn eines Sumpfgrases aus Nordamerika und Kanada. Die langen, schwarzbraunen Körner schmecken nussig und sind pur relativ teuer. Daher am besten mit Langkornreis mischen. Garzeit: ca. 45 Min.

Couscous ist ein grober Hartweizengrieß, der als Instant-Variante nur mit kochendem Wasser überbrüht wird. Ideal für die schnelle Küche.

Bulgur Die Körner werden vorgegart, getrocknet, geschrotet und gehören als nährstoffreicher Hartweizengrieß in die Vollwertküche. Schmeckt leicht nussartig.

1. WASSERREIS

1. In einem Topf 1 l Wasser mit 1 TL Salz zum Kochen bringen. 150 g Langkornreis hineinstreuen und umrühren.

2. Das Wasser aufkochen lassen, die Hitze reduzieren und den Reis zugedeckt bei geringer Hitze 20 Min. kochen lassen.

3. Reis in ein Sieb abgießen und abtropfen lassen. Für Salat oder Suppe kurz kalt abschrecken, um die Stärke aus den Körnern zu lösen.

2. QUELLREIS

1. 150 g Langkornreis in einem Sieb abbrausen, abtropfen lassen. Mit 300 ml kaltem Wasser bei mittlerer Hitze offen zum Kochen bringen.

2. 1/4 TL Salz einstreuen, 2–3 Min. sprudelnd kochen. Abgedeckt bei geringer Hitze 20 Min. ausquellen lassen – Deckel nicht abheben!

3. Erst nach der Quellzeit den Deckel abnehmen und den Reis offen ausdampfen lassen. Mit einer Gabel auflockern und servieren.

3. RISOTTO

1. 1/2 Zwiebel und 1 Knoblauchzehe abziehen, würfeln, in 1 EL Butter glasig dünsten. 200 g Risottoreis zugeben, 2 Min. mitdünsten.

2. 6 EL Weißwein zugießen, unter Rühren verkochen lassen. 1/2 l heiße Brühe nach und nach dazugießen. 15–20 Min. quellen lassen.

3. Den Reis zwischendurch umrühren. Zum Schluss je 1–2 EL Butter und geriebenen Parmesan unterrühren, salzen und pfeffern.

REIS – GRUNDREZEPTE * 47

GEMÜSEEINTOPF MIT REIS

1. In einem Topf 1/2 l Wasser mit 1/2 TL Salz aufkochen. Reis darin in 15–20 Min. knapp gar kochen.

2. Inzwischen den Kohl putzen, vom Strunk befreien und in feine Streifen schneiden. Möhren schälen und in feine Stifte teilen. Sellerie putzen und in dünne Scheiben schneiden. Reis abgießen, kalt abschrecken und abtropfen lassen.

3. Das Öl in einem großen Topf erhitzen, Gemüse darin 5 Min. andünsten. Salzen und pfeffern, Brühe dazugießen und zum Kochen bringen. Zugedeckt bei geringer Hitze 15 Min. garen.

4. Die Tomaten waschen. Petersilie abbrausen, trocken schütteln, Blätter abzupfen und fein schneiden. Zitrone heiß waschen, abtrocknen, Schale fein abreiben. Knoblauch abziehen und klein würfeln. Petersilie, Zitronenschale und Knoblauch mischen. Tomaten im Eintopf erwärmen und Petersilien-Mix daraufstreuen.

* AUSTAUSCH-TIPP Statt mit der Petersilienmischung können Sie den Eintopf auch mit 2 EL geriebenem Parmesan bestreuen.

FÜR 2 PERSONEN
ZUBEREITUNG: 40 MIN.
PRO PORTION CA. 290 KCAL
6 g EW, 12 g F, 40 g KH

Salz
75 g Langkornreis
200 g junger Weißkohl
125 g Möhren
100 g Staudensellerie
2 EL Pflanzenöl
schwarzer Pfeffer

625 ml (5/8 l) Gemüsebrühe
100 g Kirschtomaten
2–3 Stängel Petersilie
Schale von 1/2 Bio-Zitrone
1 Knoblauchzehe

REISSALAT MIT AVOCADO

FÜR 2 PERSONEN
ZUBEREITUNG: 35 MIN.
PRO PORTION CA. 430 KCAL
19 g EW, 20 g F, 44 g KH

200 g Langkornreis-
Wildreismischung
Salz
250 g Zuckerschoten
1 reife Avocado
4 EL Zitronensaft
2 rote Spitzpaprika

3 Frühlingszwiebeln
250 g Garnelen
2 EL Weißweinessig
2 EL süßsaure Chilisauce
   (Asienregal)
3 EL Pflanzenöl
schwarzer Pfeffer

1. Die Reismischung nach Packungsangabe mit Salz in 1 l Wasser aufkochen und bei mittlerer Hitze in 20 Min. knapp gar kochen.

2. Die Zuckerschoten waschen, putzen und schräg halbieren. In kochendem Salzwasser 2 Min. blanchieren (Grundrezept Seite 96), abgießen, abschrecken und in einem Sieb gut abtropfen lassen.

3. Die Avocado halbieren, Stein auslösen, Fruchtfleisch aus der Schale heben, in Würfel schneiden und sofort mit 2 EL Zitronensaft beträufeln. Die Paprikaschoten längs halbieren, Trennwände und Kerne entfernen, waschen und die Hälften in feine Halbringe schneiden. Die Frühlingszwiebeln waschen, putzen und in feine Ringe schneiden. Die Garnelen abbrausen und gut abtropfen lassen.

4. Den Essig mit dem übrigen Zitronensaft, Salz, Chilisauce und Öl in einer großen Schüssel verrühren. Die Reismischung, Avocado, Gemüse und Garnelen unterheben. Mit Salz und Pfeffer abschmecken.

* **SERVIER-TIPP** Der erfrischend leichte Reissalat reicht für zwei Hungrige zum Sattessen oder als kleiner Snack für vier Personen.

KÜRBISRISOTTO

FÜR 2 PERSONEN
ZUBEREITUNG: 45 MIN.
PRO PORTION CA. 620 KCAL
19 g EW, 20 g F, 87 g KH

- 400 g Kürbis (z. B. Muskatkürbis)
- 1 kleine Zwiebel
- 1 Knoblauchzehe
- 2 EL Olivenöl
- 200 g Risottoreis
- 6 EL trockener Weißwein
- 400 ml heiße Gemüsebrühe
- 125 g kleine weiße Champignons
- 1 EL Butter
- 1/2 Bund Schnittlauch
- 40 g frisch geriebener Parmesan
- Salz, schwarzer Pfeffer

1. Den Kürbis schälen, Kürbisfleisch ohne Kerne und Fasern (ca. 250 g) klein würfeln. Zwiebel und Knoblauchzehe abziehen und fein würfeln. Das Öl in einem Topf erhitzen. Zwiebel und Knoblauch darin glasig dünsten. Kürbiswürfel dazugeben und 5 Min. anbraten. Reis untermischen, unter Rühren 3 Min. andünsten. Mit dem Wein ablöschen und bei starker Hitze verdampfen lassen. Ein Drittel der Brühe dazugießen, unter Rühren 20–25 Min. ausquellen lassen. Übrige Brühe nach und nach dazugeben.

2. Inzwischen die Pilze abreiben, putzen und halbieren. In einer Pfanne die Butter zerlassen, die Pilze darin 3 Min. anbraten. Schnittlauch waschen und fein schneiden. Champignons und die Hälfte des Parmesans unter den Risotto rühren, salzen und pfeffern. Mit Schnittlauch und dem übrigen Parmesan bestreuen.

SPARGELRISOTTO MIT LACHS

FÜR 2 PERSONEN
ZUBEREITUNG: 45 MIN.
PRO PORTION CA. 700 KCAL
35 g EW, 28 g F, 83 g KH

200 g Lachsfilet (ohne Haut)
Salz, schwarzer Pfeffer
1 EL Zitronensaft
200 g grüner Spargel
1 kleiner Kohlrabi
1 kleine Zwiebel
625 ml Hühnerbrühe

2 EL Olivenöl
150 g Risottoreis
6 EL trockener Weißwein
2 TL Butter
einige Basilikumblätter
   zum Garnieren

1. Das Lachsfilet abbrausen, trocken tupfen und in mundgerechte Stücke schneiden. Mit Salz, Pfeffer und Zitronensaft würzen.

2. Den Spargel waschen, putzen, nur im unteren Drittel schälen und schräg in 3–4 cm lange Stücke schneiden. Den Kohlrabi putzen, schälen und in 1–2 cm große Würfel schneiden. Die Zwiebel abziehen und fein würfeln. Die Brühe aufkochen.

3. In einem Topf 1 EL Öl erhitzen, Zwiebel darin glasig dünsten. Reis dazugeben, bei mittlerer Hitze kurz mitdünsten, bis es knistert. Mit dem Wein ablöschen und einkochen lassen. Etwa 300 ml Brühe dazugießen und den Reis bei geringer Hitze 20 Min. kochen lassen, dabei öfter umrühren. Nach und nach die übrige Brühe zufügen.

4. Inzwischen das übrige Öl und die Butter in einer Pfanne erhitzen, Spargel und Kohlrabi bei starker Hitze 3 Min. darin unter Rühren anbraten. Das Gemüse zum Risotto geben und noch 5 Min. mitkochen.

5. Den Lachs im übrigen Bratfett bei starker Hitze 3–4 Min. von allen Seiten anbraten. Herausnehmen, auf dem Risotto verteilen und salzen und pfeffern. Basilikumblätter abzupfen und darüberstreuen.

PAPRIKA-REISPFANNE

1. In einem Topf 1/2 l Wasser aufkochen, leicht salzen. Den Reis einstreuen und bei geringer Hitze 15 Min. ohne Deckel garen. Abgießen und in einem Sieb gut abtropfen lassen.

2. Inzwischen die Paprikaschoten vierteln, Trennwände und Kerne entfernen, waschen und würfeln. Lauch putzen, waschen und in Ringe schneiden. Zwiebeln abziehen und in Spalten teilen. Knoblauchzehe abziehen und durchpressen. Fleisch trocken tupfen und in 1,5 cm große Würfel schneiden.

3. In einer großen Pfanne das Öl erhitzen, das Fleisch darin in 4 Min. bei starker Hitze rundherum braun anbraten. Herausnehmen, salzen und pfeffern. Dann Zwiebeln, Paprika, Lauch und Knoblauch darin andünsten, mit der Brühe ablöschen und diese unter gelegentlichem Rühren in 5–6 Min. verdampfen lassen. Fleisch und Reis untermischen, alles mit Paprikapulver, Salz und Pfeffer würzen und 2–3 Min. durchziehen lassen.

* SPEED-TIPP Wer es eilig hat, kann den Langkornreis durch einen 10-Minuten-Kurzzeitreis ersetzen – gibt es auch als Vollkornvariante.

FÜR 2 PERSONEN
ZUBEREITUNG: 45 MIN.
PRO PORTION CA. 530 KCAL
37 g EW, 16 g F, 62 g KH

Salz
125 g Langkornreis
je 1 kleine rote und grüne Paprikaschote
1 dünne Stange Lauch
100 g Zwiebeln
1 Knoblauchzehe
250 g Schweinenackenfleisch

2 EL Pflanzenöl
schwarzer Pfeffer
3 EL Gemüsebrühe
1 EL edelsüßes Paprikapulver
1/2 TL rosenscharfes Paprikapulver

52 * REIS

BRATREIS MIT HÄHNCHEN

FÜR 2 PERSONEN
ZUBEREITUNG: 45 MIN.
PRO PORTION CA. 570 KCAL
26 g EW, 13 g F, 90 g KH

- 150 g Langkornreis (z. B. Patnareis)
- Salz
- 100 g Hähnchenbrustfilet
- 300 g TK-Brokkoli (aufgetaut)
- 100 g Maiskörner (aus der Dose)
- 150 g Kirschtomaten
- 1 kleine Zwiebel
- 1 Stück Ingwer (ca. 2 cm)
- 1 Knoblauchzehe
- 2 EL Pflanzenöl
- schwarzer Pfeffer
- 2 Eier
- 1 EL Sojasauce

1. Den Reis abbrausen, in einem Topf mit 1/4 l kaltem Wasser und 1/4 TL Salz bei starker Hitze aufkochen und 2–3 Min. sprudelnd kochen lassen. Deckel auflegen und bei geringer Hitze 20 Min. ausquellen, dann offen auskühlen lassen.

2. Das Fleisch trocken tupfen, erst in Scheiben, diese dann in Streifen schneiden. Den Brokkoli in kleine Röschen teilen. Den Mais abtropfen lassen. Die Tomaten waschen und vierteln. Zwiebel und Ingwer schälen, den Knoblauch abziehen und alles fein hacken.

3. In einer Pfanne 1 EL Öl erhitzen, das Fleisch darin 2–3 Min. braten. Herausnehmen, salzen und pfeffern. Zwiebel, Ingwer und Knoblauch im übrigen heißen Öl bei starker Hitze anrösten. Den Brokkoli und 2 Min. später den Mais zufügen. Alles 1–2 Min. unter Rühren braten. Dann das Fleisch dazugeben.

4. Die Pfanne vom Herd nehmen, Hitze reduzieren. Eier mit der Sojasauce verquirlen, salzen und pfeffern. In die Pfanne gießen, bei geringer Hitze unter ständigem Rühren stocken, aber nicht zu fest werden lassen. Den Reis mit einer Gabel auflockern, hinzufügen und alles erhitzen. Die Tomaten vor dem Servieren vorsichtig unterheben. Mit Salz und Pfeffer abschmecken.

PAELLA VALENCIANA

1. Die Hähnchenkeule eventuell im Gelenk teilen, Keulen waschen und mit Küchenpapier trocken tupfen. Rundum kräftig mit Salz und Pfeffer einreiben. Das Schnitzel abbrausen, trocken tupfen und in Streifen schneiden. Zwiebel und Knoblauchzehe abziehen und fein würfeln. Die Paprikaschoten halbieren, Trennwände und Kerne entfernen, waschen und die Hälften würfeln.

2. In einer großen Pfanne 2 EL Öl erhitzen, die Keulen darin von beiden Seiten 5 Min. anbraten. Herausnehmen und beiseite-legen, dann die Schnitzelstreifen in der Pfanne 2–3 Min. anbraten. Herausnehmen, salzen und pfeffern.

3. Das übrige Öl in der Pfanne erhitzen. Zwiebel, Knoblauch und Reis dazugeben und glasig dünsten. Paprikawürfel zufügen und kurz andünsten. Die Hähnchenkeulen dazugeben. Fond und 1/8 l heißes Wasser mit den Safranfäden verrühren und darüber-gießen. Alles aufkochen und auf dem Herd bei mittlerer Hitze 15 Min. kochen lassen, bis die Flüssigkeit fast aufgesogen ist.

4. Inzwischen den Backofen auf 200° (Umluft 180°) vorheizen. Die Muscheln gründlich waschen und abbürsten, geöffnete Exemplare entfernen (Seite 157). Die Garnelen abbrausen und abtropfen lassen. Die Tomate waschen, vierteln, entkernen und klein würfeln. Tomatenwürfel, Erbsen und Schnitzelfleisch unter den Reis mischen. Muscheln und Garnelen darauflegen, salzen und pfeffern. Im Ofen (2. Schiene von unten) 15–20 Min. garen.

★ SERVIER-TIPP Nach Belieben können Sie die Paella mit Zitro-nenspalten belegt servieren.

FÜR 2 PERSONEN
ZUBEREITUNG: 1 STD. 10 MIN.
PRO PORTION CA. 730 KCAL
42 g EW, 26 g F, 71 g KH

2 Hähnchenunterkeulen oder 1 Hähnchenkeule
Salz, schwarzer Pfeffer
125 g Schweineschnitzel
1 kleine Zwiebel
1 Knoblauchzehe
je 1 kleine rote und grüne Paprikaschote
3 EL Olivenöl
150 g Rundkornreis (z. B. Risotto-, Arborio-Reis)
200 ml Geflügelfond (Glas)
1 Tütchen Safranfäden
6 frische Miesmuscheln
4 rohe, geschälte Garnelenschwänze
1 kleine Fleischtomate
75 g TK-Erbsen

PILAW MIT HACKFLEISCH UND GEMÜSE

FÜR 2 PERSONEN
ZUBEREITUNG: 45 MIN.
PRO PORTION CA. 640 KCAL
41 g EW 25 g F, 64 g KH

150 g Langkornreis
1 kleine Zwiebel
1 kleine Möhre
1/2 Aubergine

2 EL Butter
1/4 TL gemahlener Piment
1 Prise Zimtpulver
1/2 l Hühnerbrühe

200 g Rinderhackfleisch
Salz, schwarzer Pfeffer
2 Tomaten
3–4 Stängel Petersilie

1. Den Reis in einem Sieb kalt waschen und abtropfen lassen. Zwiebel und Möhre schälen, beides klein würfeln. Aubergine waschen, putzen und in größere Würfel schneiden.

2. In einem Topf 1 EL Butter zerlassen, Zwiebel, Möhre und Aubergine darin 3 Min. unter Rühren anbraten. Reis dazugeben, mit Piment und Zimt würzen. Brühe dazugießen und den Deckel auflegen. Reis bei geringer Hitze 10 Min. quellen lassen.

3. Inzwischen die übrige Butter in einer Pfanne erhitzen. Hackfleisch hinzufügen und bei mittlerer Hitze in 5–8 Min. gut anbraten, bis es braun und krümelig ist. Salzen und pfeffern.

4. Inzwischen die Tomaten waschen, vierteln, entkernen und klein würfeln, mit dem Hackfleisch zum Reis geben, alles noch 10 Min. garen. Die Petersilie abbrausen, Blätter abzupfen und schneiden. Zum Schluss auf den Pilaw streuen.

TOMATEN**BULGUR**

FÜR 2 PERSONEN
ZUBEREITUNG: 30 MIN.
PRO PORTION CA. 270 KCAL
8 g EW, 6 g F, 47 g KH

250 g Bulgur
1 Zwiebel
2 Knoblauchzehen
2 EL Olivenöl
1/4 l Tomatensaft

1/4 l Gemüsebrühe
1 TL edelsüßes Paprikapulver
Salz, schwarzer Pfeffer
400 reife Tomaten

1. Den Bulgur in einem Sieb kalt abbrausen und darin abtropfen lassen. Zwiebel und Knoblauchzehen abziehen und klein würfeln.

2. In einem Topf das Öl erhitzen. Bulgur dazugeben und gut umrühren. Tomatensaft und Brühe einrühren und mit Paprikapulver, Salz und Pfeffer würzen. Den Bulgur zugedeckt bei geringer Hitze 20 Min. ausquellen lassen, bis die Körnchen bissfest sind.

3. Inzwischen die Tomaten waschen, halbieren und die Stielansätze herausschneiden. Die Hälften in kleine Würfel schneiden, gegen Ende der Garzeit unter den Bulgur mischen und heiß werden lassen.

* **DAS SCHMECKT DAZU** Fleisch und Geflügel, z. B. gebratenes Lammfleisch und Hähnchenbrustfilet

* **SERVIER-TIPP** Das vegetarische Hauptgericht für zwei ist für vier Personen als Beilage geeignet.

* **SALAT-VARIANTE** Tomatenbulgur abkühlen lassen, mit je 4–5 EL Zitronensaft, Olivenöl, Salz und Pfeffer mischen. 2 Bund Petersilie und 1 Bund Frühlingszwiebeln fein schneiden. 1 grüne scharfe Chilischote entkernen und klein würfeln. Alles gut vermengen und 30 Min. durchziehen lassen.

KOKOSREIS MIT ZWETSCHGEN

FÜR 2 PERSONEN
ZUBEREITUNG: 40 MIN.
PRO PORTION CA. 520 KCAL
9 g EW 13 g F, 90 g KH

- 200 g ungesüßte Kokosmilch (Dose)
- 1/4 l Milch
- 1 Päckchen Vanillezucker
- 1 Prise Salz
- 100 g Milchreis
- 300 g Zwetschgen
- 100 ml Apfelsaft
- 2 EL brauner Zucker
- 1 Streifen Bio-Zitronenschale
- 2 EL Kokosraspel

1. In einem Topf die Kokosmilch und Milch mit Vanillezucker und Salz langsam zum Kochen bringen. Reis einrühren und zugedeckt bei sehr geringer Hitze 35–40 Min. ausquellen lassen.

2. Die Zwetschgen waschen, halbieren und entsteinen. Apfelsaft, 1 1/2 EL Zucker und Zitronenschale aufkochen. Zwetschgen darin zugedeckt 5–7 Min. bei geringer Hitze dünsten. Das Kompott in eine Schüssel umfüllen und abkühlen lassen.

3. Die Kokosraspel in einer beschichteten Pfanne mit dem übrigen Zucker goldbraun rösten. Milchreis mit dem Kompott anrichten und Kokosraspel aufstreuen.

* TUNING-TIPP Milchreis mit Kruste: Kompott in eine kleine Auflaufform geben, erst Milchreis, dann 1 gehäuften EL Zucker und 2 EL Kokosraspel gemischt darauf verteilen. Im vorgeheizten Ofen bei 250° (Umluft nicht geeignet) 5–7 Min. überbacken.

CURRY-COUSCOUS MIT NÜSSEN

FÜR 2 PERSONEN
ZUBEREITUNG: 20 MIN.
PRO PORTION CA. 630 KCAL
15 g EW, 27 g F, 83 g KH

150 g Couscous
Salz
2 TL Currypulver
1 EL Butter
2 TL Pinienkerne
2 TL Pistazienkerne

2 EL gehackte Mandeln
je 5 getrocknete Soft-
 aprikosen und Datteln
100 g Schmant
1 TL Zitronensaft
2–3 Stängel Petersilie

1. Den Couscous in ein Sieb schütten und mit kaltem Wasser abbrausen. In einem Topf 200 ml Wasser mit 1/2 TL Salz und dem Curry zum Kochen bringen, Couscous und 1/2 EL Butter dazugeben. Couscous bei sehr geringer Hitze zugedeckt 10 Min. sanft ausquellen lassen.

2. Inzwischen die Pinien- und Pistazienkerne grob hacken. Die übrige Butter in einer Pfanne zerlassen und die Kerne und Mandeln darin leicht anbraten. Aprikosen und Datteln in feine Streifen schneiden. Den Schmant mit Salz verrühren.

3. Nussmischung und Früchte mit einer Gabel unter den Couscous heben, dabei die Körner gut durchrühren und lockern. Mit Zitronensaft und Salz abschmecken. Petersilie abbrausen, trocken schütteln, Blätter abzupfen und daraufstreuen. Den Schmant dazuservieren.

EIER

CRASHKURS EIER

Weißes Ei In der mittleren Größe M. 53–63 g schwer und als Durchschnitts-Ei ideal zum Kochen und Backen.

Braunes Ei der großen Klasse L mit 63–73 g. Ist beliebter als das weiße Ei, im Geschmack aber gleich.

Schwimmtest Ein frisches Ei sinkt in einem Glas Wasser zu Boden. 2–3 Wochen alte Eier richten sich fast auf.

Aufschlagtest Frisch ist der Dotter gewölbt, das Eiklar fest abgegrenzt. Bei alten Eiern fließt es auseinander.

BRAUN ODER WEISS?
Die Farbe ist bei Eiern genetisch bedingt. Es gibt weiße und braune, die qualitativ und geschmacklich aber gleich sind.

WAS STEHT AUF DER VERPACKUNG?
Gewicht Eier werden in den Größen S (small/klein), M (medium/mittel), L (large/groß) und XL (extra large/sehr groß) verkauft. Zum Kochen und Backen werden meist Durchschnittseier der Gewichtsklasse M verwendet.
Güteklassen Nur Eier der Klasse A gelangen in den Handel. Güteklasse A-Extra sind topfrische Eier, die maximal 9 Tage nach dem Legedatum in den Handel gelangen.
Mindesthaltbarkeit Bis zum 28. Tag ab dem Legetag sind die Eier gut. Ist das Datum überschritten, sollten sie wenn überhaupt auf jeden Fall nur noch erhitzt verarbeitet werden. Bei losen Eiern finden Sie alle dazugehörigen Angaben auf einem Schild direkt bei der Ware.

WAS STEHT AUF DEM EI?
Der Stempel auf der Schale kennzeichnet Eier EU-einheitlich:
Haltungsform Die erste Ziffer lautet 0 für ökologische Erzeugung, 1 für Freiland-, 2 für Boden- und 3 für Käfighaltung.
Herkunftsland DE für Deutschland, AT für Österreich, IT für Italien, NL für Niederlande.
Legebetrieb Die Nummer steht für einen Erzeugerbetrieb.

WIE GEHT MAN MIT ROHEN EIERN UM?
Lagern Sie frische Eier im Karton oder im Eierfach des Kühlschranks (bei 5–8°), um sie vor Gerüchen zu schützen. Verwenden Sie immer nur frische Eier, vor allem für Zubereitungen mit rohem Ei, z. B. Mayonnaisen. Frisch ist ein Ei bis zu 10 Tage, nachdem es die Henne gelegt hat. Das Legedatum lässt sich leicht errechnen: Es liegt 28 Tage vor dem Mindesthaltbarkeitsdatum.

Übrigens: Nur Bio-Eier haben einen intensiven Geschmack und eine natürliche Farbe des Eis. Biologische Legehennenhaltung zeichnet sich aus durch: Körnerfutter aus bestem ökologischen Anbau, Qualitätssicherung durch ständige Kontrollen sowie Frische aufgrund sehr kurzer Transportwege. Zudem werden die Tiere artgerecht gehalten und haben genügend Auslauf, was vielen Verbrauchern sehr am Herzen liegt. Eier von Bio-Bauern kosten fast doppelt so viel wie Eier aus konventioneller Freilandhaltung und sind aus geschmacklicher und ethischer Sicht jeden Cent wert.

1. EIER TRENNEN

1. Das Ei nicht zu fest in der Mitte auf einen schmalen Schüsselrand aufschlagen. Die Schale sollte dabei einen Riss bekommen.

2. Das Ei mit den Fingern vorsichtig auseinanderbrechen. Im Idealfall entstehen dadurch zwei gleich große Schalenhälften.

3. Ein Teil des Eiweißes tropft ab. Den Rest abtrennen, indem man das Eigelb immer wieder von einer Schalenhälfte in die andere gießt.

2. EISCHNEE SCHLAGEN

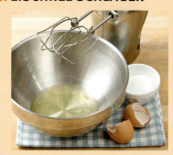   

1. Das Eiweiß von 2 Eiern (ohne eine Spur Eigelb!) in eine große, absolut fettfreie Schüssel geben – nur so wird der Schnee auch fest.

2. 1 Prise Salz zufügen. Das Eiweiß mit den Schneebesen des Handrührgeräts bei mittlerer Geschwindigkeit schaumig schlagen.

3. Auf hoher Stufe weiterschlagen, bis sich Spitzen bilden, die stehen bleiben, oder bis ein Messerschnitt im Eischnee sichtbar ist.

3. EIGELB SCHAUMIG RÜHREN

1. Zum Kaltaufschlagen (z. B. für Soufflé) Eigelbe und evtl. Zucker mit den Schneebesen des Handrührgeräts cremig schlagen.

2. Zum Warmaufschlagen (z. B. für Zabaione) eine große Schüssel mit Eigelben und evtl. Zucker in einen Topf mit warmem Wasser setzen.

3. Eigelb mit dem Schneebesen per Hand zu einer dicken, weißlichen Creme schlagen. Das Volumen nimmt dabei stark zu.

EIER – GRUNDTECHNIKEN ★ 63

4. EIER KOCHEN

1. 4 Eier jeweils an der stumpfen Seite mit einem Eierstecher oder einer Nadel einstechen, damit sie beim Kochen nicht platzen.

2. Wasser in einem kleinen Topf aufkochen. Eier in das kochende Wasser legen und 4–8 Min. kochen. Die Eier kalt abschrecken.

3. Nach 4 Min. ist das Eigelb wachsweich, nach 6 Min. ist das Eigelb weich und das Eiweiß hart. Bei 10-Minuten-Eiern ist beides hart.

5. SPIEGELEI

1. In einer Pfanne 1 TL Butter zerlassen. 1 Ei aufschlagen und vorsichtig in das heiße Fett gleiten lassen.

2. Das Ei bei mittlerer Hitze 5 Min. sanft braten, bis das Eiweiß fest ist. Anschließend das Eiweiß leicht salzen und pfeffern.

3. Variante: 20 g Frühstücksspeck (Bacon) in dünnen Scheiben in der Butter anbraten. Das Ei darüberschlagen, mit Pfeffer würzen.

6. EIER POCHIEREN

1. 1 l Wasser, 50 ml Essig und 1/2 TL Salz aufkochen. 2 Eier einzeln in eine Schale aufschlagen. Vorsichtig ins Wasser gleiten lassen.

2. Das leicht stockende Eiweiß mit 2 Esslöffeln vorsichtig rings um das Eigelb formen und 2 Min. bei geringer Hitze garen.

3. Eier wenden, weitere 2 Min. gar ziehen lassen: Sie sind jetzt innen weich und außen hart. Herausnehmen und abtropfen lassen.

7. RÜHREI

1. 6 Eier mit 6 EL Milch, Sahne oder Mineralwasser in einer Schüssel mit einem Schneebesen gut verschlagen. Salzen und pfeffern.

2. 2 EL Butter in einer beschichteten Pfanne bei mittlerer Hitze zerlassen. Eiermasse hineingießen, bei geringer Hitze stocken lassen.

3. Sobald das Ei fest zu werden beginnt, vorsichtig von außen nach innen zusammenschieben. Rührei erhitzen, bis es flockig ist.

8. OMELETT

   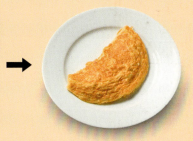

1. Für 1 Omelett 3 Eier in einer Schüssel mit dem Schneebesen leicht verschlagen und mit 1 Prise Salz würzen.

2. In einer Pfanne 2 EL Butter zerlassen, die Eiermasse hineingießen und zugedeckt bei geringer Hitze stocken lassen.

3. Sobald sich eine feste Eierschicht gebildet hat und die untere Seite gebräunt ist, das Omelett vorsichtig einrollen.

9. EIERPFANNKUCHEN

1. 125 g Mehl in einer Schüssel mit 2 Eiern, 1/4 l Milch und 1 Prise Salz verschlagen: Dabei dürfen keine Klumpen entstehen.

2. In einer Pfanne nach und nach 1 1/2 EL Pflanzenöl erhitzen. 1 Schöpfkelle Teig durch Schwenken in der Pfanne verteilen.

3. Eierkuchen von unten goldbraun backen. Mit einer Palette wenden. Pfannkuchen weiterbacken, bis die Unterseite goldbraun ist.

EIER – GRUNDREZEPTE * 65

EIERSALAT MIT GURKEN UND KRESSE

1. In einem Topf Wasser aufkochen. Eier anstechen, ins siedende Wasser geben und 10 Min. kochen. Abgießen, kalt abschrecken, pellen und auskühlen lassen.

2. Inzwischen die Gurke putzen, schälen, längs halbieren und die Kerne mit einem Löffel herausschaben. Die Hälften klein würfeln. Frühlingszwiebeln waschen, putzen und in feine Ringe schneiden.

3. Den Joghurt mit Mayonnaise und Senf verrühren, mit Zitronensaft, Salz und Pfeffer würzen. Gurken und Frühlingszwiebeln untermischen. Eier grob hacken, Kresse abbrausen, etwas davon zum Garnieren beiseitestellen, und den Rest fein schneiden. Beides unter die Mayonnaise heben. Mit Salz und Pfeffer würzen. Den Salat mit Kresse bestreut servieren.

★ **SERVIER-TIPP** Mit Pumpernickel oder dunklem Bauernbrot als Beilage kann der Eiersalat ein vollständiges Gericht für zwei Personen sein, für vier reicht er als kleine Mahlzeit zwischendurch oder als Abendessen.

FÜR 2 PERSONEN
ZUBEREITUNG: 30 MIN.
PRO PORTION CA. 250 KCAL
14 g EW, 20 g F, 4 g KH

- 8 Eier
- 1 Minigurke (ca. 250 g)
- 2 Frühlingszwiebeln
- 150 g Joghurt
- 3 EL Salatmayonnaise
- 1 TL scharfer Senf
- 1 TL Zitronensaft
- Salz, schwarzer Pfeffer
- 1 Beet Kresse

POCHIERTE EIER IN BASILIKUMSAUCE

FÜR 2 PERSONEN
ZUBEREITUNG: 30 MIN.
PRO PORTION CA. 360 KCAL
15 g EW 28 g F, 9 g KH

1 Zwiebel
1 EL Butter
1 EL Mehl
200 ml Gemüsefond (Glas) oder -brühe
75 g Sahne
2–3 EL trockener Weißwein
1/2 Bund Basilikum
Salz, schwarzer Pfeffer
1 Prise Zucker
100 ml Essig
4 Eier

1. Zwiebel abziehen, fein würfeln. Butter zerlassen und die Zwiebeln darin glasig dünsten. Das Mehl darüberstäuben und unter Rühren kurz anschwitzen. Mit Fond oder Brühe sowie Sahne und Wein ablöschen. Unter Rühren bei mittlerer Hitze 5 Min. kochen lassen.

2. Basilikumblätter abzupfen, abreiben und bis auf ein paar Blätter für die Garnitur grob schneiden. Eine Schöpfkelle Sauce dazugeben und mit dem Schneidestab des Handrührgeräts oder im Mixer pürieren. Das pürierte Basilikum unter die Sauce rühren, aber nicht mehr kochen lassen. Mit Salz, Pfeffer und Zucker würzen.

3. Gleichzeitig in einem breiten, flachen Topf 2 l Wasser mit 1 TL Salz und Essig aufkochen. Eier nacheinander in eine Schale oder Suppenkelle aufschlagen und in das nur noch schwach siedende Wasser gleiten lassen. Bei mittlerer Hitze 4–6 Min. pochieren, dabei einmal wenden (Grundrezept Seite 64).

4. Sauce noch einmal kurz erhitzen. Eier abtropfen lassen, mit der Sauce anrichten und Basilikum garnieren.

* **DAS SCHMECKT DAZU** Kartoffelpüree (Seite 12)
* **AUSTAUSCH-TIPP** Sauerampfer oder Brunnenkresse

SPIEGELEIBROT MIT SCHINKEN

FÜR 2 PERSONEN
ZUBEREITUNG: 30 MIN.
PRO PORTION CA. 350 KCAL
15 g EW 21 g F, 28 g KH

1 kleine Zwiebel
je 1/2 rote und gelbe Paprikaschote
2–3 Stängel Petersilie
2 EL Olivenöl

1/2 TL Paprikapulver edelsüß
2 TL Paprikamark (ersatzweise Tomatenmark)
5 EL Gemüsebrühe
Salz, schwarzer Pfeffer

2 große Scheiben Bauernbrot
50 g geräucherter Schinken (in dünnen Scheiben)
2 Eier

1. Zwiebel abziehen, halbieren und längs in feine Streifen schneiden. Paprikaschoten vierteln, Trennwände und Kerne entfernen, waschen und die Viertel in dünne Streifen schneiden. Petersilie abbrausen, trocken schütteln, abzupfen und fein schneiden.

2. In einem Topf 1 EL Öl erhitzen, die Zwiebel und Paprikastreifen darin bei mittlerer Hitze 5 Min. andünsten. Paprikapulver, Paprikamark, Brühe und Petersilie dazugeben und 2 Min. dicklich einkochen lassen. Mit Salz und Pfeffer würzen.

3. Die Brotscheiben toasten. Paprikamasse darauf verteilen und mit dem Schinken belegen. Übriges Öl erhitzen, Eier darin in 3–4 Min. zu Spiegeleiern braten. Salzen und pfeffern und auf die Brote geben.

RÄUCHERFORELLEN-RÜHREI MIT SCHNITTLAUCH

FÜR 2 PERSONEN
ZUBEREITUNG: 30 MIN.
PRO PORTION CA. 440 KCAL
25 g EW 36 g F, 4 g KH

1/2 Kopfsalat
1 kleiner Radicchio
1/2 Bund Schnittlauch
2 EL Zitronensaft
1/2 TL flüssiger Honig
Salz, schwarzer Pfeffer

3 EL Pflanzenöl
3 Eier
3 EL Sahne
125 g geräuchertes Forellenfilet
1 EL Butter

1. Kopfsalat und Radicchio in Blätter zerlegen, waschen, trocken schleudern, putzen und in mundgerechte Stücke zupfen. Die Salatblätter auf zwei großen Tellern verteilen. Den Schnittlauch waschen, trocken schütteln und in feine Röllchen schneiden.

2. Für die Salatsauce den Zitronensaft mit Honig, Salz und Pfeffer gründlich verquirlen, das Öl unterschlagen. Die Hälfte der Schnittlauchröllchen dazugeben und die Sauce über den Salat träufeln.

3. Die Eier mit der Sahne verquirlen, mit Salz und Pfeffer würzen. Forellenfilet in kleine Stücke schneiden.

4. In einer Pfanne die Butter zerlassen, die Eiermasse hineingießen, bei geringer Hitze stocken lassen und mit einem Pfannenwender von außen nach innen zusammenschieben. Das Rührei in 2 Portionen teilen und auf den Brotscheiben anrichten. Forellenfilet daraufsetzen und mit dem übrigen Schnittlauch bestreuen.

★ DAS SCHMECKT DAZU Pumpernickel oder Roggenbrot

★ AUSTAUSCH-TIPP Ebenso fein schmeckt das Rührei, wenn Sie es mit Krabbenfleisch oder Garnelen anstatt mit Räucherforelle kombinieren.

KÄSEOMELETT MIT SPECKPILZEN

FÜR 2 PERSONEN
ZUBEREITUNG: 40 MIN.
PRO PORTION CA. 430 KCAL
25 g EW, 34 g F, 4 g KH

- 250 g gemischte Pilze (z. B. Champignons, Egerlinge und Austernpilze)
- 2 Schalotten
- 50 g durchwachsener Speck
- 4 TL Olivenöl
- 1 TL getrockneter Thymian
- Salz, schwarzer Pfeffer
- 3–4 Stängel Petersilie
- 4 Eier
- 4 EL Milch
- frisch geriebene Muskatnuss
- 4 EL geriebener Gouda (ca. 60 g)

1. Die Pilze abreiben und putzen. Champignons und Egerlinge halbieren, Austernpilze in Stücke teilen. Schalotten abziehen und fein würfeln. Speck in feine Streifen schneiden.

2. 2 TL Öl stark erhitzen, Speck und Schalotten darin 1–2 Min. braten. Pilze dazugeben und 2–3 Min. mitbraten. Mit Thymian, Salz und Pfeffer würzen. Petersilie abzupfen, fein schneiden und untermischen. Die Pilzmischung warm halten.

3. Eier mit Milch, Salz, Pfeffer und Muskat verquirlen. Eine Pfanne erhitzen und 1 TL Öl hineingeben. Die Hälfte der verquirlten Eier darin bei mittlerer Hitze stocken lassen und mit 2 EL Käse bestreuen. Omelett auf einem Teller im Ofen bei 100° warm stellen und das zweite Omelett zubereiten. Pilze auf den Omeletts verteilen und diese zusammenklappen.

EIER MIT KOHLRABIRAGOUT

FÜR 2 PERSONEN
ZUBEREITUNG: 35 MIN.
PRO PORTION CA. 390 KCAL
19 g EW, 27 g F, 18 g KH

2 zarte Kohlrabi (ca. 450 g)
60 g TK-Erbsen
1/4 l Gemüsebrühe
4 Eier
75 g Crème fraîche
1 EL heller Saucenbinder
Salz, schwarzer Pfeffer

1 Prise Zucker
1/4 TL abgeriebene
 Bio-Zitronenschale
1 Handvoll Kerbel
 (ersatzweise 3–4 Stängel
 Petersilie)

1. Den Kohlrabi putzen, schälen, je nach Größe vierteln oder achteln und quer in dünne Scheiben schneiden. Erbsen antauen lassen.

2. Die Brühe aufkochen, Kohlrabistücke darin zugedeckt 6 Min. bei geringer Hitze garen. Erbsen dazugeben, erneut aufkochen und noch 2 Min. mitgaren. Gemüse abgießen und gut abtropfen lassen, 150 ml Brühe auffangen.

3. Gleichzeitig die Eier in kochendes Wasser geben und in 8 Min. fast hart kochen. Brühe und Crème fraîche unter Rühren aufkochen und mit dem Saucenbinder binden. Mit Salz, Pfeffer, Zucker und der Zitronenschale würzen. Gemüse in die Sauce geben und erhitzen.

4. Den Kerbel waschen, trocken schütteln, verlesen, schneiden und unter das Gemüse mischen. Nicht mehr kochen lassen. Eier abgießen, abschrecken, pellen und halbieren. Mit dem Gemüse servieren.

* **DAS SCHMECKT DAZU** Reis oder Pellkartoffeln

* **AUSTAUSCH-TIPP** Auch andere grüne Gemüse, z. B. grüner Spargel, Zuckerschoten oder Frühlingszwiebeln harmonieren perfekt mit den Eiern.

APFELPFANN-KUCHEN MIT KROKANTJOGHURT

1. Die Eier mit Zucker, Salz, Zimt und Milch verschlagen. Mehl und Rosinen untermischen. Teig 10 Min. ruhen lassen. Den Apfel vierteln, entkernen, schälen und in Spalten schneiden.

2. In einer Pfanne 1–2 TL Butterschmalz erhitzen, die Hälfte des Teigs daraufgeben und glatt streichen. Mit der Hälfte der Apfelspalten belegen, 2–3 Min. bei mittlerer Hitze zugedeckt backen, bis die Unterseite goldgelb ist. Wenden und von der anderen Seite noch 2 Min. weiterbacken (Grundrezept Seite 65). Pfannkuchen herausnehmen und auf einem Teller im Backofen bei 80° (Umluft 60°) warm halten. Die Pfanne nach dem Backen mit Küchenpapier auswischen. Aus dem übrigen Teig und Schmalz noch einen zweiten Pfannkuchen backen.

3. Joghurt mit dem Honig glatt rühren und auf die Pfannkuchen geben. Mit Krokant bestreuen.

FÜR 2 PERSONEN
ZUBEREITUNG: 40 MIN.
PRO PORTION CA. 530 KCAL
17 g EW, 22 g F, 67 g KH

- 2 Eier
- 1 EL Zucker
- 1 Prise Salz
- 1/4 TL Zimtpulver
- 1/8 l Milch
- 100 g Mehl
- 1 EL Rosinen
- 1 großer Apfel
- 1 EL Butterschmalz
- 100 g Sahnejoghurt
- 1 TL flüssiger Honig
- 1 EL Haselnusskrokant

SCHAUMOMELETT MIT HIMBEERSAHNE

FÜR 2 PERSONEN
ZUBEREITUNG: 45 MIN.
PRO PORTION CA. 500 KCAL
20 g EW, 31 g F, 33 g KH

3 Eier
3 EL Zucker
2 Prisen Salz
Saft und abgeriebene Schale
 von 1/2 Bio-Zitrone
1 EL Mehl

4 TL Butter
125 g Magerquark
75 g Sahne
125 g Himbeeren
Puderzucker zum
 Bestäuben

1. Die Eier trennen. Eigelbe mit 2 EL Zucker, 1 Prise Salz, Zitronensaft und -schale schaumig schlagen. Die Eiweiße mit 1 Prise Salz sehr steif schlagen. Die Hälfte davon unter die Eigelbmasse ziehen. Diese vorsichtig unter den übrigen Eischnee heben, das Mehl unterziehen.

2. In einer beschichteten Pfanne (Ø 24 cm) pro Omelett 2 TL Butter aufschäumen lassen. Die Hälfte des Teigs hineingeben, Hitze reduzieren und Deckel auflegen. Omelett 12–15 Min. backen, ohne den Deckel abzuheben, sonst fällt es zusammen. Das Omelett nur von einer Seite backen, bis die Unterseite goldgelb ist. Das zweite Omelett genauso backen. Im Backofen bei 120° warm halten.

3. Für die Füllung Quark und den übrigen Zucker verrühren. Sahne steif schlagen und unterheben. Die Himbeeren bis auf ein paar schöne Exemplare unterheben.

4. Den Sahnequark auf eine Hälfte der Omeletts verteilen und mit den übrigen Himbeeren belegen. Die andere Hälfte darüberklappen und mit Puderzucker bestäuben.

* VARIANTE Soufflé: eine kleine ofenfeste Form einfetten, Eimasse einfüllen. Das Soufflé im vorgeheizten Backofen bei 180° (Umluft 160°) 35–40 Min. backen. Die Ofentür dabei nicht öffnen, sonst fällt es zusammen.

SALAT

CRASHKURS SALAT

Kopfsalat ist der beliebteste unter den Blattsalaten, vor allem als lockerer Freilandsalat mit festem Herz.

Feldsalat gilt als typisches Wintergemüse. Schmeckt leicht nussig und besticht durch hohen Nährstoffgehalt.

Der bekannteste **Radicchio** ist rund, rot und kleinköpfig und besonders als Farbtupfer in Blattsalaten beliebt.

Eisbergsalat hat wegen seines knackig-frischen Bisses und seiner guten Haltbarkeit viele Anhänger.

KLEINE SALATKUNDE

Blattsalate gibt es in großer Vielfalt das ganze Jahr über. Wenn sie unter freiem Himmel wachsen (die Saison beginnt im Mai!), schmecken sie viel besser als aus dem Treibhaus.

Kopfsalat hat einen dichten, festen Kopf mit zarten Innen- und kräftigen Außenblättern. Schmeckt mild, nahezu neutral und lässt sich gut anmachen – ob mit Joghurtsauce oder einer säuerlich-würzigen Vinaigrette.

Römersalat schmeckt herzhafter und saftiger als Kopfsalat. Die länglichen Blätter, die zu einem lockeren ovalen Kopf zusammengefügt sind, gibt es auch als Römersalatherz.

Eichblattsalat Die zarten, roten oder grünen Blätter erinnern an das Laub von Eichen und sind relativ empfindlich. Sie eignen sich für gemischte Salate und pur nur mit Essig und Öl.

Lollo bianco und **rosso** sind zwei Krausköpfe aus Italien. Bianco hat hellgrüne, rosso dunkelrote Blätter, die beide leicht herb bis mild-nussig schmecken.

Eisbergsalat ist ein großer, fest geschlossener Kopf mit knackigen Blättern. Wenig intensiv, aber frisch im Geschmack. Lässt sich mehrere Tage, auch angeschnitten in einem Plastikbeutel verpackt im Kühlschrank aufbewahren.

Feldsalat besteht aus kleinen Bündeln zarter Blättchen. Kommt mit gebratenem Speck, Zwiebeln und Pilzen am besten zur Geltung. Muss rasch verzehrt werden.

Rucola oder **Rauke** Die Blätter eines Krauts, das jung kräftig bis scharf und älter etwas bitter schmeckt. Super als Salat.

Chicorée ist bitter-aromatisch und ein typischer Wintersalat. Seine weiß-gelblichen Stauden schmecken gut in Kombination mit Käse und Obst.

Endivie oder **Eskariol** hat breite, kräftig gezähnte Blätter und schmeckt leicht bitter. Eignet sich für Salate mit Essig, Zitrone, Öl. Varietät: Frisée, eine krause Endivie.

Radicchio, ein Verwandter von Chicorée und Endivie mit dezent bitterer Note; verträgt sich gut mit kräftigen Marinaden.

1. KOPFSALAT PUTZEN UND ZERKLEINERN

1. Äußere, welke Blätter von einem Salatkopf – hier ein Kopfsalat – entfernen. Die übrigen Blätter einzeln vom Strunk pflücken.

2. Die Blätter waschen, in einem Sieb gut abtropfen lassen oder am besten in einer Salatschleuder trocken schleudern.

3. Den groben Stielansatz entfernen. Die Salatblätter in mundgerechte Stücke zupfen. Endiviensalat wird in Streifen geschnitten.

2. FELDSALAT PUTZEN UND ZERKLEINERN

1. Den Feldsalat gründlich verlesen und dabei alle unansehnlichen, welken Blätter abzupfen, aussortieren und entfernen.

2. Blätter gründlich waschen, eventuell zweimal, weil sie sehr sandig sein können. Gut abtropfen lassen oder trocken schleudern.

3. Die harten, erdigen Wurzelenden von den Blätterbündeln abschneiden. Größere Blätter nach Belieben einmal durchschneiden.

3. CHICORÉE UND RADICCHIO PUTZEN UND ZERKLEINERN

1. Den Chicorée waschen, der Länge nach halbieren und den Strunk mit einem scharfen Messer keilförmig herausschneiden.

2. Die Chicorée-Hälften jeweils mit der gewölbten Seite nach oben auf ein Küchenbrett legen und quer in Streifen schneiden.

3. Radicchio wie Chicorée vorbereiten: äußere, welke Blätter entfernen und die übrigen ablösen, zerpflücken oder in Streifen schneiden.

SALAT – GRUNDTECHNIKEN

4. AVOCADO SCHÄLEN UND SCHNEIDEN

1. Zum Vorbereiten einer Avocado die Frucht zuerst mit einem scharfen Messer längs bis zum Stein ringsherum einschneiden.

2. Die Avocadohälften behutsam gegeneinander drehen und voneinander abheben. Den Stein mit einem Löffel herauslösen.

3. Das weiche Fruchtfleisch mit einem Löffel von den Schalen lösen und herausheben. Sofort mit Zitronensaft beträufeln.

5. KRÄUTER PUTZEN UND SCHNEIDEN

1. Kräuter wie z. B. Petersilie, Dill, Kerbel, Thymian und Basilikum unter kaltem Wasser kurz abbrausen und gut trocken schütteln.

2. Blätter von den Stängeln zupfen, mit einem breiten Messer oder Wiegemesser durch Hin- und Herwiegen grob oder fein schneiden.

3. Schnittlauch waschen, trocken schütteln und in feine Röllchen schneiden – das geht auch ganz einfach mit einer Küchenschere.

6. CROÛTONS UND KERNE RÖSTEN

1. Von 2–3 Scheiben Toastbrot rundum die Rinde abschneiden. Die Brotscheiben in 1–2 cm kleine Würfel schneiden.

2. In einer Pfanne 2 EL Pflanzenöl erhitzen, Croûtons unter Wenden in 4–5 Min. knusprig braten. Auf Küchenpapier abtropfen lassen.

3. Eine Pfanne ohne Fett erhitzen, Sonnenblumen- und/oder Kürbiskerne bei mittlerer Hitze anrösten, bis sie duften. Abkühlen lassen.

78 ∗ SALAT – GRUNDTECHNIKEN

7. VINAIGRETTE

1. 2 EL Essig (z. B. Weißwein-, Rotwein- oder Kräuteressig), 1/4 TL Salz, schwarzer Pfeffer und 1 Prise Zucker gründlich verrühren.

2. Je nach dem Mengenverhältnis 4 EL (1:2) oder 8 EL (1:3) Öl (z. B. Sonnenblumen-, Distel-, Olivenöl) zum Essig dazugeben.

3. Mit dem Schneebesen alles kräftig zu einer leicht cremigen Sauce verrühren. Nach Belieben 1–2 EL geschnittene Kräuter unterheben.

8. JOGHURT-SAHNE-DRESSING

1. Als Grundlage des Dressings 1 EL Zitronensaft oder Essig mit 1/4 TL Salz, frisch gemahlenem Pfeffer und 1 Prise Zucker verrühren.

2. Nach Geschmack können Sie dann 100 g Naturjoghurt, Schmant, Sahne oder Crème fraîche dazugeben und unterrühren.

3. Das Dressing beliebig verfeinern: 1 TL Senf, Tomatenmark oder Meerrettich unterrühren, 1 EL geschnittene Kräuter oder Zwiebelwürfel.

9. MAYONNAISE

1. 1 ganz frisches Eigelb mit 1 EL Essig oder Zitronensaft, 1 TL Senf und 1 kräftigen Prise Salz in eine Rührschüssel geben.

2. Mit dem Schneebesen oder mit den Rührbesen des Handrührgeräts die Mischung zu einer dicklichen Masse aufschlagen.

3. 1/8 l Pflanzenöl esslöffelweise in die Creme rühren, dabei ständig weiterschlagen. Mayonnaise evtl. mit 100 g Joghurt »verschlanken«.

SALAT – BASISSAUCEN

BLATTSALATE MIT CHAMPIGNONS

1. Die äußeren Blätter vom Chicorée und den Salaten entfernen. Chicorée halbieren und ohne Strunk in Streifen schneiden. Übrige Salatblätter abzupfen, waschen, trocken schleudern und in mundgerechte Stücke zupfen. Rucola verlesen, Stiele abschneiden und große Blätter zerpflücken. Champignons abreiben, Stielenden abschneiden, Pilze in dünne Scheiben schneiden.

2. In einer großen Schüssel den Essig mit 4 EL Wasser, Salz, Pfeffer und Senf gründlich verquirlen. Das Öl nach und nach mit dem Schneebesen unterschlagen. Kräuter abbrausen, trocken schütteln, Blätter abzupfen und fein schneiden. Unter die Vinaigrette rühren.

3. Eine Pfanne ohne Fett sehr heiß werden lassen. Die Pilze darin in 2–3 Min. braun braten. Salate und Marinade mischen und auf Tellern anrichten. Geröstete Pilze darüber verteilen.

* DAS SCHMECKT DAZU Vollkornbrot

* SERVIER-TIPP Für vier Personen ein Vorspeisen- oder Beilagensalat, für zwei eine Hauptmahlzeit mit 200 g gebratenen Putenbrust-Streifen als Topping.

FÜR 2 PERSONEN
ZUBEREITUNG: 35 MIN.
PRO PORTION CA. 200 KCAL
4 g EW, 18 g F, 4 g KH

- 1 Chicorée
- je 1/2 Kopf- und Eichblattsalat
- 1 Bund Rucola
- 200 g kleine Champignons
- 4 EL Weißweinessig
- Salz, schwarzer Pfeffer
- 2 TL mittelscharfer Senf
- 6–7 EL Pflanzenöl
- je 1/2 Bund Petersilie, Schnittlauch und Basilikum

80 * SALAT

GRIECHISCHER SALAT MIT TOMATENSAUCE

FÜR 2 PERSONEN
ZUBEREITUNG: 30 MIN.
PRO PORTION CA. 260 KCAL
12 g EW, 21 g F, 7 g KH

2 kleine Römersalatherzen
1 Bio-Minigurke (ca. 125 g)
1/2 gelbe oder orange Paprikaschote
1 kleine weiße Zwiebel
40 g schwarze Oliven (ohne Stein)

100 g milder Schafkäse
1/8 l Tomatensaft
2 EL Weißweinessig
Salz, schwarzer Pfeffer
2–3 EL Olivenöl
1/2 TL getrockneter Oregano
3–4 Stängel Petersilie

1. Die Salatherzen putzen, waschen, trocken schütteln und längs in Spalten schneiden. Die Gurke gut waschen, abtrocknen, längs halbieren und ungeschält in Scheiben schneiden. Paprikaschote längs halbieren, Trennwände und Kerne entfernen, waschen und die Hälften in Streifen schneiden. Zwiebel abziehen und in feine Ringe schneiden. Oliven abtropfen lassen und halbieren. Schafkäse in kleine Würfel schneiden.

2. Für die Sauce den Tomatensaft mit Essig, Salz, Pfeffer und Öl verrühren. Mit Oregano würzen.

3. Die Salatzutaten auf einer Platte oder großen Tellern dekorativ anrichten und mit der Tomatensauce übergießen. Die Petersilie waschen, trocken schütteln, die Blätter abzupfen und fein schneiden. Auf den Salat streuen.

* **DAS SCHMECKT DAZU** Sesamfladenbrot

* **VARIANTE** Sie können den Sommersalat auch mit einer Vinaigrette (Grundrezept Seite 79) anmachen. Dann einfach den Tomatensaft weglassen und jeweils 1 EL Essig und Olivenöl mehr verwenden.

FELDSALAT MIT MÖHREN

FÜR 2 PERSONEN
ZUBEREITUNG: 25 MIN.
PRO PORTION CA. 225 KCAL
3 g EW, 20 g F, 8 g KH

125 g Feldsalat
1 kleine Möhre
1 säuerlicher Apfel
2 TL Zitronensaft

1 Frühlingszwiebel
2 EL Orangensaft
2 EL Obstessig
Salz, schwarzer Pfeffer

3 EL Pflanzenöl
1 EL Sonnenblumenkerne
2 EL Schmant

1. Den Feldsalat waschen, putzen und trocken schleudern. Möhre und Apfel schälen, Apfel entkernen. Beide grob raspeln und mit dem Zitronensaft vermischen. Die Frühlingszwiebel waschen, putzen und weiße und hellgrüne Teile schräg in feine Scheiben schneiden.

2. Orangensaft, Essig, Salz, Pfeffer und Öl zu einem Dressing glatt rühren. Die Möhrenmischung auf Schüsselchen oder in Gläser verteilen, mit Frühlingszwiebeln bestreuen und darauf den Feldsalat anrichten. Mit dem Dressing beträufeln.

3. Die Sonnenblumenkerne in einer heißen Pfanne ohne Fett goldbraun rösten. Zum Schluss auf den Salat streuen. Je 1 EL Schmant daraufsetzen.

* WÜRZ-TIPP Sie mögen es gerne nussig? Dann ersetzen Sie in der Vinaigrette 1 EL neutrales Pflanzenöl durch aromatisches Walnuss- oder Kürbiskernöl.

82 * SALAT

AVOCADO-TOMATEN-SALAT

FÜR 2 PERSONEN
ZUBEREITUNG: 30 MIN.
PRO PORTION CA. 305 KCAL
11 g EW 27 g F, 5 g KH

100 g junger Blattspinat
600 g kleine Strauchtomaten
1 reife Avocado (ca. 250 g)
4 EL Limetten- oder Zitronensaft
1 Hähnchenbrustfilet (ca. 150 g)

6 EL Olivenöl
Salz, schwarzer Pfeffer
1 EL pikante Chilisauce
2 TL flüssiger Honig
1 Schalotte

1. Den Spinat waschen und trocken schütteln, Stiele abknipsen. Die Tomaten waschen und in Scheiben schneiden. Die Avocado halbieren, Stein auslösen und das Fruchtfleisch mit einem Löffel im Ganzen aus der Schale lösen; quer in dünne Scheiben schneiden und sofort mit 2 EL Limetten- oder Zitronensaft beträufeln.

2. Das Hähnchenfilet waschen und trocken tupfen. In einer kleinen Pfanne 1 EL Öl erhitzen. Hähnchenfilet darin 5 Min. von jeder Seite braten, salzen und pfeffern, dann in Scheiben schneiden.

3. Inzwischen aus dem übrigen Limetten- oder Zitronensaft, Chilisauce, Salz, Pfeffer, Honig sowie dem restlichen Olivenöl eine Sauce rühren. Die Schalotte abziehen, fein würfeln und untermischen.

4. Den Spinat mit Avocadoscheiben, Tomaten und Hähnchenstreifen auf vier Tellern dekorativ anrichten. Die Sauce darüber träufeln.

* DAS SCHMECKT DAZU Taco-Chips oder Weißbrot

* SERVIER-TIPP Leicht sättigend und supergesund – der Salat kann eine komplette Mahlzeit für zwei ersetzen, für vier ist er eine appetitanregende Vorspeise.

GURKENSALAT MIT DILLJOGHURT

1. Die Gurke mit einem Sparschäler dünn schälen, Stielansatz abschneiden. Gurke in feine Scheiben schneiden oder auf der Rohkostreibe hobeln. Zwiebel abziehen und fein würfeln.

2. In einer Schüssel den Joghurt mit dem Essig, Salz, Pfeffer und Zucker verrühren, Öl unterschlagen. Dill waschen, trocken schütteln, fein schneiden und unter die Sauce rühren. Gurkenscheiben und Zwiebeln untermischen. Kurz durchziehen lassen.

* **DAS SCHMECKT DAZU** Schnitzel, Braten oder kurz gebratener Fisch

* **VARIANTE** Für eine Radieschenrohkost 1 Bund Radieschen waschen, putzen und grob raspeln. Mit der Zwiebel unter das Joghurtdressing mischen und den Dill durch Schnittlauch ersetzen.

FÜR 2 PERSONEN
ZUBEREITUNG: 20 MIN.
PRO PORTION CA. 115 KCAL
2 g EW, 9 g F, 6 g KH

- 1 kleine Salatgurke
- 1 kleine Zwiebel
- 100 g Joghurt
- 1 EL Weißweinessig
- Salz, schwarzer Pfeffer
- 1 Prise Zucker
- 1–2 EL Pflanzenöl
- 1/2 Bund Dill

ASIATISCHER WEISS**KOHLSALAT**

FÜR 2 PERSONEN
ZUBEREITUNG: 30 MIN.
MARINIERZEIT: 20 MIN.
PRO PORTION CA. 210 KCAL
4 g EW, 16 g F, 13 g KH

- 1/2 kleiner Weißkohl (ca. 450 g)
- 1 TL Salz
- 1/2 Bund Radieschen
- 125 g Rettich
- 2 dünne Frühlingszwiebeln
- 2 EL Weißweinessig
- 1–2 EL Sojasauce
- Salz, schwarzer Pfeffer
- 1/2 TL Zucker
- 1/2 TL gemahlener Ingwer
- 3 EL Pflanzenöl
- 1/2 Bund Petersilie

1. Vom Kohl die äußeren Blätter abtrennen, den Strunk abschneiden. Kohlhälfte halbieren, Strunk herausschneiden und die Stücke quer in feine Streifen schneiden. In eine Schüssel geben, salzen und mit den Händen kräftig durchkneten, damit der Kohl zarter wird.

2. Das Grün von den Radieschen schneiden. Radieschen waschen und in feine Scheiben schneiden. Den Rettich putzen, schälen und in feine Stifte schneiden oder grob raspeln. Die Frühlingszwiebeln waschen, putzen und in dünne Ringe schneiden. Radieschen, Rettich und Frühlingszwiebeln unter das Kraut mischen.

3. Für das Dressing Essig, Sojasauce, Salz, Pfeffer, Zucker und Ingwer verquirlen, das Öl unterschlagen. Das Dressing über den Salat gießen, gut untermischen. Den Salat 20 Min. durchziehen lassen.

4. Die Petersilie waschen und trocken schütteln, die Blätter abzupfen, fein schneiden und unter den Salat heben. Evtl. mit Sojasauce nachwürzen.

* **GÄSTE-TIPP** Der Salat lässt sich gut vorbereiten und eignet sich in einer größeren Menge prima für ein Partybüfett, z. B. bei einem Grillfest.

MANGOSALAT MIT THUNFISCH

1. Die Mangohälfte schälen. Das Fruchtfleisch in Spalten vom Stein schneiden und würfeln. Die Frühlingszwiebeln waschen, putzen und schräg in feine Ringe schneiden. Tomaten waschen und vierteln. Chilischote längs aufschlitzen, entkernen, waschen und fein würfeln. Thunfisch in einem Sieb abtropfen lassen und mit einer Gabel zerpflücken.

2. Die Mayonnaise in einer kleinen Schüssel mit Joghurt, Zitronensaft, Honig, Curry, Salz und Pfeffer verrühren. Kresse abschneiden und die Hälfte unterrühren. Mango, Frühlingszwiebeln, Tomaten, Chilischote und Thunfisch mit der Sauce vorsichtig vermischen.

3. Die Radicchioblätter waschen, trocken schütteln, auf Teller verteilen und den Salat darauf anrichten. Übrige Kresse darüberstreuen.

* GÄSTE-TIPP Den Salat können Sie in größerer Menge für ein kaltes Büfett zubereiten. Bis zum Anrichten gut mit Folie abgedeckt im Kühlschrank aufbewahren.

FÜR 2 PERSONEN
ZUBEREITUNG: 30 MIN.
PRO PORTION CA. 345 KCAL
21 g EW 21 g F, 20 g KH

1/2 reife Mango (ca. 250 g)
3 Frühlingszwiebeln
200 g Kirschtomaten
1 kleine rote Chilischote
1 Dose Thunfisch (in Öl; 140 g Abtropfgewicht)
2 EL Mayonnaise

75 g Magermilchjoghurt
1 EL Zitronensaft
1/2 TL Honig
1/2 TL Curry
Salz, schwarzer Pfeffer
1/2 Beet Kresse
1 kleiner Kopf Radicchio

CAESAR'S SALAD

FÜR 2 PERSONEN
ZUBEREITUNG: 30 MIN.
PRO PORTION CA. 455 KCAL
18 g EW, 39 g F, 8 g KH

- 1 großer Romanasalat
- 100 g Bacon (Frühstücksspeck)
- 2 Scheiben Toast- oder Kastenweißbrot
- 1 EL Pflanzenöl
- 2 Knoblauchzehen
- 2 frische Eigelbe
- 1 EL Zitronensaft
- Salz, schwarzer Pfeffer
- 1/2 TL Worcestersauce
- 100 ml Olivenöl
- einige Spritzer Tabasco
- 1 hart gekochtes Ei
- 2 Sardellenfilets (in Salzlake)
- 50 g Parmesan (am Stück)

1. Strunk vom Salat abschneiden und äußere Blätter entfernen. Den Salat kurz abspülen, in Blätter zerlegen, trocken schütteln und in 2–3 cm breite Streifen schneiden.

2. Den Bacon in Streifen schneiden und in einer heißen Pfanne bei mittlerer Hitze in 5 Min. kross ausbraten. Das Brot entrinden und würfeln. Speck aus der Pfanne nehmen und auf Küchenpapier abtropfen lassen. Die Brotwürfel im Speckfett mit 1 EL Öl bei mittlerer Hitze zu knusprigen Croûtons braten. Die Knoblauchzehen abziehen, fein würfeln und kurz mitbraten.

3. Für die Salatsauce die Eigelbe mit Zitronensaft, Salz, Pfeffer und Worcestersauce verquirlen. Öl nach und nach in dünnem Strahl zugeben und cremig rühren. Mit Tabasco und Salz abschmecken.

4. Das Ei pellen und grob hacken. Sardellenfilets abspülen, trocknen, klein schneiden. Salat in der Sauce wenden, auf Tellern anrichten. Ei, Sardellenfilets, Croûtons und Bacon aufstreuen, Parmesan grob darüberraspeln.

* **DAS SCHMECKT DAZU** Frisches Weißbrot

* **SERVIER-TIPP** Der ideale Snack: Der pikante Salatklassiker schmeckt als kleiner Imbiss für vier Personen oder ersetzt problemlos eine Hauptmahlzeit für zwei.

GEMÜSE

CRASHKURS GEMÜSE

Die **Haushaltszwiebel** (auch Speisezwiebel) hat den typisch scharfen Zwiebelgeschmack. Sie verleiht fast jedem Gericht pikante Würze.

Bundmöhren mit Grün sind wegen ihres süßen und feinen Geschmacks die Nr. 1 – entweder als Rohkost oder in Butter gedünstet.

Strauchtomaten Unser liebstes Gemüse, hier ausgereift vom Strauch geschnitten und daher sehr intensiv im Aroma.

Spinat ist ein Genuss für jede Jahreszeit: im Winter ist er kräftig und hat feste Blätter, im Frühling sind sie zart und schmecken süßer.

QUALITÄT IST GEFRAGT

Tomatenrot, paprikagelb, lauchgrün oder auch auberginenviolett: Mit Gemüse wird das Essen bunt. Und vielfältiger. Und gesund. Je frischer und reifer die verschiedenen Sorten sind, desto mehr Vitalstoffe stecken darin und desto besser schmecken sie auch. Bevorzugen Sie Sorten aus der Region, die gerade Saison haben – sie sind auch preiswerter. Nach Art der verwendeten Pflanzenteile unterscheidet man folgende Gemüsearten:

KLEINE GEMÜSEKUNDE

Blattgemüse Dazu zählen Spinat und Mangold. Zarter Frühlingsspinat kann mit Stielen genossen werden – roh als Salat oder gedünstet als Beilage. Fester Winterspinat muss, von Wurzeln und Stielen befreit, erst kurz in Wasser kochen, bevor er als Beilage oder Füllung serviert wird. Beim Mangold schneidet man die Stiele vom Blatt – sie haben eine etwas längere Garzeit als die Blätter.

Fruchtgemüse wie Tomaten, Paprikaschoten, Zucchini, Auberginen, Gurken und Kürbis sind typische Sommergemüse: aromatisch, prall und saftig. Erst wenn sie genügend Sonne getankt haben, schmecken sie richtig gut, z. B. vereint in einer Ratatouille. Sie können aber auch solo auftreten – gekocht, gebraten, gegrillt, gefüllt oder geschmort, oder roh z B. in einem Salat.

Kohlgemüse Eine der größten Gemüsefamilien: Zu ihr gehören der kräftige Weißkohl und der etwas süßlicher schmeckende Rotkohl. Beide werden gerne geschmort, der grüngelbe Kohl auch als Sauerkraut vergoren. Wirsing, Spitzkohl und Chinakohl sind weniger derb – kurz mit Biss gedünstet, geschmort oder gedämpft schmecken sie am besten. Blumenkohl treibt weiße Blüten und ist wie Kohlrabi leicht verdaulich, z. B. gekocht oder gedünstet. Brokkoli ist ein feiner Sommerkohl, der gedünstet oder gedämpft perfekt gelingt. Rosenkohl gewinnt durch Frost an Aroma – er schmeckt dann weniger bitter und dezenter nach Kohl.

Weißkohl Der wichtigste unter allen Kohlköpfen gilt als Energiepaket. Frühe Sorten schmecken weniger nach Kohl.

Grüner Spargel wächst im Unterschied zu den weißen Edelstangen über der Erde. Sein Geschmack ist kräftiger.

Brechbohnen müssen knacken, wenn man sie bricht. Sie eignen sich für Gemüse, Eintöpfe und Salat.

Champignons haben das Jahr über Saison und sind sehr begehrt: gebraten, geschmort, gedünstet und roh im Salat.

Pilze werden unterschieden in Zuchtpilze wie Champignons oder Austernpilze und Wildpilze wie Steinpilze oder Pfifferlinge. Ihre Pluspunkte: viel Geschmack und Eiweiß. Braune Champignons (Egerlinge) sind aromatischer als weiße. Sie gehören zu den beliebtesten Pilzen wie auch die Austernpilze mit ihren großen, muschelförmigen Hüten sowie die festfleischigen, intensiv aromatischen Shiitakepilze. Pilze sind sehr empfindlich, daher nach längerer Lagerung nicht mehr verzehren. Pilzgerichte kann man wieder aufwärmen, wenn man sie nach dem Garen in den Kühlschrank stellt.

Schotengemüse Zuckerschoten und grüne Bohnen sind richtige Sommertypen und schmecken jung und zart am besten. Zuckerschoten werden kurz gekocht (blanchiert) oder gedünstet im Ganzen gegessen. Unter den grünen Bohnen sind Brechbohnen die populärsten. Prinzess-, Delikatess- und Keniabohnen gelten als die feinsten. Wichtig: Bohnen immer nur gekocht essen – roh enthalten sie den giftigen Stoff Phasin, der erst durch Hitze zerstört wird.

Stängelgemüse Dazu zählen u. a. Fenchel, Spargel und Staudensellerie. Von April bis Juni erobert der Spargel die Märkte – achten Sie beim Kauf auf Frische. Die Stangen müssen straff und prall sein, die Schnittstellen glatt und saftig.

Wurzel- und Knollengemüse wie Möhren, Sellerie, Rote Bete, Rettich und Radieschen schmeckt am besten, wenn es frisch vom Feld kommt. Man kann es dünsten, kochen und schmoren oder gehobelt bzw. geraspelt als Rohkost knabbern.

Zwiebelgemüse bringt mit seinen ätherischen Ölen, allen voran Senfölen, viel Geschmack ins Essen – und rührt uns beim Aufschneiden zu Tränen. Zwiebeln gibt es in Braun (scharf-würzig), in Weiß (milder), Rot (fruchtiger), als große Gemüsezwiebel (mild) oder kleine Schalotte (würzig-pikant, leicht süßlich). Knoblauch bildet die typisch »duftenden« Zehen aus, Frühlingszwiebeln und Lauch ihre feinwürzigen grünen Stangen. Zwiebelgemüse lässt sich braten, dünsten, schmoren, in der Suppe oder roh im Salat verspeisen.

GEMÜSE * 91

1. TOMATEN HÄUTEN UND ENTKERNEN

1. Haut kreuzweise einritzen, Tomaten mit kochendem Wasser überbrühen. Nach 30–60 Sek. mit einer Schaumkelle herausheben.

2. Mit kaltem Wasser abschrecken, damit sie nicht weich werden. Haut abziehen und Stielansätze keilförmig herausschneiden.

3. Danach die Tomaten halbieren und das Innere mit den Kernen mit einem Teelöffel vorsichtig aus den Hälften schaben.

2. KNOBLAUCH UND ZWIEBELN ABZIEHEN UND WÜRFELN

1. Knoblauchzehen aus der Knolle lösen. Den Wurzelansatz ebenso wie bei den Zwiebeln abschneiden und die Schale abziehen.

2. Zwiebel längs halbieren, mit der Schnittfläche auflegen und von der Spitze bis zum Wurzelende ein-, aber nicht ganz durchschneiden.

3. Die Zwiebel mehrmals waagrecht ein-, dann quer durchschneiden, sodass kleine Würfel entstehen. Ebenso würfelt man Knoblauch.

3. ZUCCHINI UND AUBERGINEN PUTZEN UND ZERKLEINERN

1. Früchte waschen und nur den Stielansatz abschneiden. Zucchini in Scheiben schneiden oder auf der Rohkostreibe raspeln.

2. Auberginen zum Braten in etwa 1 cm dicke Scheiben schneiden, mit Salz bestreuen und 30 Min. stehen lassen, um Wasser zu entziehen.

3. Dann gut abtropfen lassen und mit Küchenpapier trocken tupfen. Zum Schmoren werden Auberginen nicht eingesalzen.

92 * GEMÜSE – GRUNDTECHNIKEN

4. MÖHREN PUTZEN UND ZERKLEINERN

1. Das Grün und die Wurzeln abschneiden. Möhren gut waschen und mit einer Gemüsebürste abbürsten. Falls nötig, dünn schälen.

2. Möhren zum Dünsten in Scheiben oder Würfel schneiden. Oder längs in dünne Scheiben teilen und dann quer in Streifen (Juliennes).

3. Je nach Bedarf und Rezept die Möhren, z. B. für einen Salat oder Rohkost, auf der Gemüsereibe grob oder fein raspeln.

5. BLUMENKOHL, BROKKOLI UND WEISSKOHL PUTZEN

1. Beim Blumenkohl den Strunk unterhalb des Kohlkopfs abschneiden und alle Außenblätter entfernen. Den Kopf in Röschen teilen.

2. Die Stiele beim Brokkoli abschneiden, schälen und in Scheiben oder Würfel schneiden. Brokkoli in Röschen teilen.

3. Beim Weißkohl den Strunk abschneiden, welke Blätter entfernen. Den Kohlkopf mit einem scharfen Messer in Streifen schneiden.

6. PAPRIKA- UND CHILISCHOTEN PUTZEN UND KLEIN SCHNEIDEN

1. Paprikaschoten ebenso wie Chilischoten mit einem scharfen Messer der Länge nach halbieren. Bei Chilis Einweghandschuhe verwenden.

2. Stielansatz, weiße Trennwände und Kerne herausschneiden. Die Schoten innen und außen gründlich abspülen, dann abtropfen lassen.

3. Paprikahälften halbieren, quer in Streifen oder in Würfel schneiden. Chilis in feine Halbringe teilen oder winzig klein würfeln.

GEMÜSE – GRUNDTECHNIKEN ∗ 93

7. ROTKOHL PUTZEN UND SCHNIPPELN

1. Äußere welke Blätter vom Kohlkopf entfernen. Mit einem großen Messer das harte Strunkende großzügig abschneiden.

2. Kohlkopf vierteln oder halbieren. Den harten Strunk am Ende keilförmig herausschneiden – es bleiben nur die Blattschichten übrig.

3. Die Viertel oder Hälften quer in feine Streifen schneiden. Ebenso verfährt man mit Weißkohl, Wirsing und Spitzkohl.

8. LAUCH UND FRÜHLINGSZWIEBELN PUTZEN UND ZERKLEINERN

1. Den Wurzelansatz von den Lauch- oder Frühlingszwiebelstangen abschneiden. Äußere dicke Blätter abziehen und abschneiden.

2. Die Stange der Länge nach bis knapp über das Schaftende einschneiden und gut waschen, bis der Sand herausgespült ist.

3. Lauch ebenso wie Frühlingszwiebeln in dünne Ringe schneiden. Oder längs in 5 cm lange Stücke, dann in Streifen schneiden.

9. SPINAT UND MANGOLD PUTZEN

1. Spinat verlesen, dabei welke Blätter abzupfen und besonders Wurzelspinat mehrmals in reichlich kaltem Wasser waschen.

2. In einem Sieb abtropfen lassen. Beim Wurzelspinat harte Stiele abschneiden, beim Blattspinat werden die kleinen Stiele mitgegessen.

3. Strunk von der Mangoldstaude abtrennen, Blätter abschneiden, wie Spinat verwenden. Stiele in Streifen oder Würfel schneiden.

10. GRÜNE BOHNEN UND ZUCKERSCHOTEN PUTZEN

1. Grüne Bohnen waschen, abtropfen lassen, die Spitzen und Enden abschneiden. Falls nötig, von den Stielansätzen her entfädeln.

2. Die Bohnen je nach Größe und Verwendung mit einem Messer in kleine Stücke schneiden oder einfach brechen.

3. Zuckerschoten waschen, Enden knapp abtrennen und Schoten, falls nötig von der Spitze her entfädeln. Zuckerschoten ganz lassen.

11. WEISSEN UND GRÜNEN SPARGEL PUTZEN UND SCHÄLEN

1. Mit einem Sparschäler unter dem Spargelkopf ansetzen und bis zum unteren Ende schälen, dabei Stangen mit der Hand unterstützen.

2. Grüner Spargel wird nur im unteren Drittel geschält. Nach dem Schälen mit einem Messer die holzigen Enden abschneiden.

3. Die geschälten Stangen portionsweise (ca. 500 g) mit Küchengarn umwickeln – so kann man sie nach dem Kochen gut abtropfen lassen.

12. PILZE PUTZEN

1. Champignons oder Egerlinge nicht waschen, sondern nur mit einem Küchentuch abreiben. Die Stielenden abschneiden.

2. Je nach Rezept und Bedarf die Pilzköpfe mit einem Messer in feine, dünne Scheiben schneiden, nur halbieren oder vierteln.

3. Bei Shiitakepilzen den ungenießbaren Stiel herausschneiden und entfernen. Die Köpfe wie die von Champignons verarbeiten.

GEMÜSE – GRUNDTECHNIKEN

1. BLANCHIEREN

1. Gemüse, das weiterverarbeitet werden soll, wird blanchiert. In einem großen Topf reichlich Wasser mit Salz zum Kochen bringen.

2. Das Gemüse – wie hier 500 g grüne Bohnen – ins sprudelnd kochende Wasser geben und 3–5 Min. blanchieren, also bissfest garen.

3. Gemüse herausheben und in Eiswasser oder sehr kaltem Wasser abschrecken, um den Kochvorgang zu stoppen und die Farbe zu erhalten.

2. DÜNSTEN

1. Gemüse – hier 500 g Möhren – waschen, putzen und mit einem Messer in möglichst gleich starke Scheiben oder Stifte schneiden.

2. 1 EL Butter oder Pflanzenöl in einem breiten Topf erhitzen. Möhren darin bei Mittelhitze 2–3 Min. schwenken und ab und zu wenden.

3. Einige EL Wasser oder Brühe hinzufügen. Salzen, pfeffern und Deckel auflegen. Möhren zugedeckt bei geringer Hitze 10 Min. garen.

3. DÄMPFEN

1. In einen Topf etwa 3 cm hoch Wasser oder Brühe gießen. Nach Belieben noch Gewürze oder Kräuter zum Aromatisieren zufügen.

2. Gemüse – hier 500 g Brokkoli – putzen, waschen und in den Siebeinsatz legen. Diesen in den Topf über das heiße Wasser hängen.

3. Deckel auflegen und Flüssigkeit aufkochen. Sobald eine Dampffahne sichtbar wird, Brokkoli bei mittlerer Hitze 10 Min. im Dampf garen.

4. KOCHEN UND PÜRIEREN

1. Das Gemüse – wie hier 1 kg Kürbis – putzen, schälen und mit einem scharfen Messer in Würfel schneiden.

2. Je nach Gemüsesorte etwas Wasser in einen Topf geben (1–2 cm hoch) und die Gemüsewürfel darin in 20 Min. weich kochen.

3. Die weichen Kürbiswürfel mit einem Pürierstab zu einer homogenen Masse mixen. Oder das Gemüse durch ein Sieb streichen.

5. BRATEN UND PFANNENRÜHREN

1. Gemüse, z. B. Auberginen, Paprika, Pilze oder – wie hier 2 Zucchini – putzen und schräg in 1/2 cm dünne Scheiben schneiden.

2. 2 EL Pflanzenöl erhitzen. Zucchinischeiben portionsweise hineingeben und in 3–4 Min. von beiden Seiten goldbraun braten.

3. Pfannenrühren (Wok): 500 g fein geschnittenes Gemüse in 1–2 EL Öl bei starker Hitze unter ständigem Rühren 2–3 Min. schwenken.

6. SCHMOREN

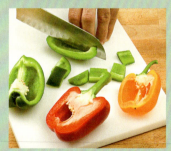   

1. Das Gemüse – hier je 1 rote, gelbe und grüne Paprikaschote – putzen, waschen und in gleich große Stücke schneiden.

2. In einem breiten Topf 1–2 EL Pflanzenöl erhitzen. Die Paprikastücke darin unter Wenden bei mittlerer Hitze 2–3 Min. anbraten.

3. 1/8–1/4 l Flüssigkeit wie z. B. Brühe, Wein oder Wasser dazugießen. Paprika zugedeckt 15 Min. garen. Mit Salz und Pfeffer würzen.

GEMÜSE – GARMETHODEN

1. GEKLÄRTE BUTTER

1. In einer Kasserolle 125 g Butter bei mittlerer Hitze schmelzen lassen. Dabei gelegentlich umrühren, sodass sie nicht anbrennt.

2. Die Butter aufkochen lassen und mit einer Siebkelle den Schaum abnehmen. Nur mit wenig Salz würzen.

3. Varianten: 1 EL gehackte Haselnüsse – 1–2 EL Mandelblättchen wie hier – oder 2 EL Semmelbrösel in der Butter anrösten.

2. SAHNESAUCE

1. In einen Topf 1/8 l Flüssigkeit, z. B. Kochsud, Fond oder Weißwein gießen. Bei mittlerer Hitze auf die Hälfte einkochen lassen.

2. 200 g Sahne zugießen und zum Kochen bringen. Unter Rühren bei mittlerer Hitze auf die Hälfte einkochen lassen.

3. Sauce mit Salz und Pfeffer würzen. Variante: 1 EL geschnittene Kräuter, z. B. Petersilie, Schnittlauch oder Basilikum unterrühren.

3. BÉCHAMELSAUCE

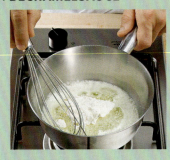   

1. In einem Topf 1 EL Butter bei mittlerer Hitze zerlassen. 1 vollen EL Mehl hineinstreuen. Unter Rühren hellbraun anschwitzen.

2. 1/4 l Flüssigkeit (halb Milch, halb Brühe oder Kochflüssigkeit vom Gemüse) auf einmal dazugießen, dabei weiterrühren.

3. Mit dem Schneebesen kräftig durchschlagen. Aufkochen, bei mittlerer Hitze 10–15 Min. offen weiterkochen lassen und würzen.

4. SAUCE HOLLANDAISE

1. 200 g Butter klären (Rezept siehe 1.). Etwas Wasser 2–3 cm hoch in einen mittelgroßen Topf füllen, einmal aufkochen lassen.

2. In eine Metallschüssel 2 Eigelbe und 4 EL Weißwein geben. Ins heiße Wasserbad setzen, mit dem Schneebesen schaumig aufschlagen.

3. Butter in dünnem Strahl unter ständigem Rühren unter die Creme schlagen. Mit Salz, Pfeffer und 1–2 EL Zitronensaft abschmecken.

5. KÄSESAUCE

1. Béchamelsauce (Seite 98) zubereiten und würzen. Vom Herd ziehen, 1 Eigelb und 3 EL Sahne verrühren und unter die Sauce rühren.

2. 30 g geriebenen Käse, z. B. Gruyère oder Parmesan, unterziehen. Sauce bei geringer Hitze andicken, aber nicht mehr kochen lassen.

3. Oder Gorgonzola einrühren. Die Sauce z. B. über Gemüse gießen und im Ofen bei 200° (Mitte, Umluft 180°) 20 Min. überbacken.

6. ASIA-WÜRZ-SAUCE

1. 1/8 l Gemüse- oder Hühnerbrühe mit 1–2 EL Sojasauce und nach Belieben mit 1–2 EL Austern- oder Chilisauce verquirlen.

2. 1 TL Speisestärke, 1/2 TL Zucker, Salz und Pfeffer gründlich unter die Mischung rühren. Es sollten sich dabei keine Klümpchen bilden.

3. Würzsauce unter das Wok-Gemüse – hier Zuckerschoten und Paprika – mischen. 2–3 Min. dünsten, bis die Sauce bindet.

GEMÜSE – BASISSAUCEN * 99

SPINAT MIT FETA

FÜR 2 PERSONEN
ZUBEREITUNG: 30 MIN.
PRO PORTION CA. 250 KCAL
14 g EW 18 g F, 7 g KH

400 g junger Blattspinat
1 Zwiebel
1 Knoblauchzehe

2 EL Olivenöl
Salz, schwarzer Pfeffer
frisch geriebene Muskatnuss

100 g Kirschtomaten
100 g Schafkäse

1. Den Spinat verlesen, gründlich waschen und auf einem Sieb abtropfen lassen. Zwiebel und Knoblauchzehe abziehen und fein würfeln.

2. Das Öl in einem großen Topf erhitzen und die Zwiebelwürfel darin glasig dünsten. Die Knoblauchwürfel kurz mitdünsten. Den Spinat tropfnass hinzufügen, mit Salz, Pfeffer und Muskat würzen. Deckel auflegen und bei geringer Hitze 3 Min. andünsten.

3. Inzwischen die Tomaten waschen und halbieren. Schafkäse klein würfeln. Tomaten unter den Spinat heben und 3 Min. mitdünsten. Vor dem Servieren Feta darüberstreuen.

* **DAS SCHMECKT DAZU** Sesamfladenbrot und Lammkoteletts sowie ein Petersilien-Dip: 100 g Schmant und 2 EL Crème fraîche mit 2 TL Olivenöl, Salz und Pfeffer verrühren. 1/2 Bund geschnittene Petersilie unterheben.

KOHLRABI-MÖHREN-GEMÜSE

FÜR 2 PERSONEN
ZUBEREITUNG: 30 MIN.
PRO PORTION CA. 220 KCAL
7 g EW, 14 g F, 17 g KH

2 zarte Kohlrabi (ca. 400 g)
1 Bund Möhren
1 1/2 EL Butter
Salz, schwarzer Pfeffer
1 TL Zucker

6 EL Gemüsefond (Glas) oder -brühe
1/2 Bio-Zitrone
2 EL Pinienkerne
4 Stängel Basilikum

1. Den Kohlrabi schälen, vierteln und in Scheiben schneiden. Möhren putzen, gründlich abbürsten, evtl. schälen und schräg in dünne Scheiben schneiden.

2. In einem breiten Topf 1 EL Butter zerlassen. Kohlrabi- und Möhrenscheiben dazugeben und 2–3 Min. andünsten. Mit Salz, Pfeffer und Zucker würzen. Den Fond oder die Brühe dazugießen und alles zugedeckt bei mittlerer Hitze 6–8 Min. dünsten.

3. Inzwischen die Zitrone heiß waschen, abtrocknen und etwa 1/2 TL Schale fein abreiben. Pinienkerne in einer Pfanne ohne Fett goldbraun rösten. Die restliche Butter dazugeben und leicht bräunen. Basilikumblätter von den Stielen zupfen und in Streifen schneiden.

4. Das Gemüse z. B. in kleinen Schüsseln anrichten und mit der Pinienkernbutter übergießen. Die abgezupften Basilikumblätter darüberstreuen.

* **DAS SCHMECKT DAZU** Baguette oder Frühkartoffeln

* **TUNING-TIPP** 100 g gewürfelten Katenschinken zum Schluss unter das Gemüse mischen.

PILZPFANNE MIT BOHNEN

1. Die Pilze putzen und abreiben, nur wenn nötig kurz waschen. Champignons, Egerlinge und Shiitakepilze je nach Größe halbieren oder vierteln, Austernpilze grob zerteilen. Zwiebeln abziehen und in Spalten schneiden. Knoblauchzehe abziehen. Thymian abbrausen, trocken schütteln, Blättchen abzupfen und schneiden.

2. In einer großen Pfanne das Öl erhitzen, die Pilze und Zwiebelspalten 5–7 Min. braten, bis die Flüssigkeit verdampft ist. Den Knoblauch pressen und zu den Pilzen geben. Die Butter hinzufügen und die Pilze darin schwenken. Mit Salz, Pfeffer und Thymian würzen und mit Aceto balsamico ablöschen.

3. Die Bohnen in ein Sieb abgießen, abbrausen und gut abtropfen lassen. Zu den Pilzen geben, bei geringer Hitze 5 Min. mitgaren. Schnittlauch abbrausen, trocken schütteln und fein schneiden. Vor dem Servieren unter die Pilze mischen, eventuell nachwürzen.

★ DAS SCHMECKT DAZU Frisches Stangenweißbrot

FÜR 2 PERSONEN
ZUBEREITUNG: 35 MIN.
PRO PORTION CA. 190 KCAL
8 g EW, 13 g F, 13 g KH

- 300 g gemischte Pilze (z. B. Champignons und Egerlinge, Shiitake, Austernpilze)
- 100 g kleine rote Zwiebeln
- 1 Knoblauchzehe
- 6–8 Zweige Thymian
- 2 EL Pflanzenöl
- 1 EL Butter
- Salz, schwarzer Pfeffer
- 1 EL Aceto balsamico (Balsamessig)
- 1 Dose dicke weiße Bohnen (240 g Abtropfgewicht)
- 1/2 Bund Schnittlauch

PFANNENGERÜHRTER BROKKOLI MIT TOFU

FÜR 2 PERSONEN
ZUBEREITUNG: 40 MIN.
PRO PORTION CA. 400 KCAL
16 g EW, 29 g F, 18 g KH

125 g Tofu
2–3 EL Sojasauce
1 EL Zitronensaft
3 EL Pflanzenöl
1 Knoblauchzehe
250 g Brokkoli
1 kleine rote Paprikaschote

100 g Mungobohnensprossen
50 g Cashewkerne
Salz, schwarzer Pfeffer
75 ml Gemüsebrühe
1/2 TL Speisestärke

1. Den Tofu abtropfen lassen und in 1 cm große Würfel schneiden. Sojasauce, Zitronensaft und 1 EL Öl verrühren. Knoblauch abziehen und dazupressen. Den Tofu in der Marinade wenden und 20 Min. ziehen lassen.

2. Inzwischen den Brokkoli putzen, die kleinen Röschen von den Stielen trennen. Die dicken Stiele schälen und in kleine Würfel schneiden. Die Paprikaschote vierteln, Trennwände und Kerne entfernen, waschen und in Streifen schneiden. Sprossen abspülen.

3. Den Wok oder eine große Pfanne stark erhitzen und 1 EL Öl darin heiß werden lassen. Tofu abtropfen lassen, (Marinade aufheben!) und im heißen Öl mit den Cashewkernen unter Rühren 2–3 Min. braten. Mit einer Schaumkelle herausnehmen und warm halten.

4. Das übrige Öl erhitzen, den Brokkoli darin 4 Min. unter Rühren braten. Die Paprikastreifen dazugeben und 2 Min. mitbraten. Tofu, Sprossen und Cashewkerne unterheben. Mit Salz und Pfeffer würzen. Die Tofumarinade mit Brühe und Speisestärke verquirlen, ohne dass sich Klümpchen bilden und angießen. Alles 1 Min. bei starker Hitze kochen lassen, bis die Sauce leicht angedickt ist.

★ DAS SCHMECKT DAZU   Weißer Patnareis

GEMÜSESALAT

1. Die Zucchini waschen, putzen, längs vierteln und in 3 cm lange Stifte schneiden. Champignons abreiben und halbieren. Zwiebeln abziehen und achteln. Den Knoblauch abziehen und in dünne Scheiben schneiden. Die Kräuter abbrausen, trocken schütteln abzupfen und schneiden.

2. In einer Pfanne 3 EL Öl erhitzen, Zwiebeln darin 6–8 Min. braten, mit der Schaumkelle herausnehmen. Salzen und pfeffern, in eine Schüssel geben. Übriges Öl erhitzen, Zucchini und Pilze darin unter Wenden 3–4 Min. anbraten. Herausnehmen, salzen und pfeffern und ebenfalls in die Schüssel geben.

3. Kräuter und Knoblauch im Öl 1 Min. braten. Essig und Fond dazugeben, salzen und pfeffern. Sud unter das Gemüse mischen und abkühlen lassen. Mindestens 2 Std. oder besser über Nacht marinieren.

* DAS SCHMECKT DAZU Als Antipasto für zwei Personen mit geröstetem Weißbrot servieren.

* VORRATS-TIPP Am besten gleich die doppelte Menge zubereiten – der Gemüsesalat hält sich abgedeckt im Kühlschrank 2–3 Tage.

FÜR 2 PERSONEN
ZUBEREITUNG: 35 MIN.
MARINIERZEIT: 2 ODER 12 STD.
PRO PORTION CA. 230 KCAL
4 g EW, 21 g F, 6 g KH

- 200 g Zucchini
- 125 g Champignons
- 150 g kleine weiße Zwiebeln
- 1 Knoblauchzehe
- 1 Zweig Rosmarin
- 6–8 Zweige Thymian
- 4 EL Olivenöl
- Salz, schwarzer Pfeffer
- 2 EL Aceto balsamico (Balsamessig)
- 100 ml Gemüsefond (Glas)

SELLERIESCHNITZEL IM KÄSEMANTEL

FÜR 2 PERSONEN
ZUBEREITUNG: 30 MIN.
PRO PORTION CA. 610 KCAL
23 g EW 42 g F, 38 g KH

1 Sellerieknolle (ca. 500 g)
Salz
1 EL Zitronensaft
schwarzer Pfeffer
50 g Mehl
1 Ei
50 g geriebener Parmesan
50 g Semmelbrösel
100 ml + 1 EL Pflanzenöl
1 kleine Zwiebel
2 TL edelsüßes Paprikapulver
5 EL Gemüsefond (Glas) oder -brühe
100 g Sahne
1 Zitrone

1. Die Sellerieknolle putzen, schälen, halbieren und in ca. 1 cm dicke Scheiben schneiden. In einem Topf Salzwasser zum Kochen bringen, die Selleriescheiben darin mit dem Zitronensaft 10–12 Min. vorgaren. Dann abgießen, kalt abschrecken und gut abtropfen lassen. Mit Salz und Pfeffer würzen.

2. Das Mehl auf einen Teller geben, das Ei in einem zweiten Teller verquirlen. Parmesan und Semmelbrösel auf einem dritten Teller mischen. Die Selleriescheiben erst in dem Mehl, dann im verquirlten Ei und zuletzt in der Käsemischung wenden.

3. In einer großen Pfanne 100 ml Öl erhitzen. Selleriescheiben portionsweise 3–4 Min. auf jeder Seite goldbraun braten. Kurz auf Küchenpapier abtropfen lassen und im Ofen warm halten.

4. Für die Sauce die Zwiebel abziehen, fein würfeln und in 1 EL Öl glasig dünsten. Das Paprikapulver darüber stäuben, unter Rühren kurz anschwitzen. Mit Fond oder Brühe und Sahne ablöschen, 5–6 Min. bei mittlerer Hitze kochen lassen. Mit Salz und Pfeffer abschmecken. Mit den Sellerieschnitzeln und Zitrone anrichten.

★ **DAS SCHMECKT DAZU** Hart gekochte Eier

GEBACKENE TOMATEN

FÜR 2 PERSONEN
ZUBEREITUNG: 30 MIN.
PRO PORTION CA. 220 KCAL
4 g EW, 21 g F, 3 g KH

Fett für die Form
500 g mittelgroße Strauchtomaten
3 EL Olivenöl
1 Knoblauchzehe

Salz, schwarzer Pfeffer
1 kleiner Zweig Rosmarin
4 Stängel Petersilie
2 EL sehr junger Pecorino oder Gouda

1. Eine große Gratinform einfetten. Tomaten waschen, waagrecht halbieren und mit der Schnittfläche nach oben in die Form setzen.

2. Den Backofen auf 200° (Umluft nicht empfehlenswert!) vorheizen. Das Olivenöl in eine kleine Schüssel geben. Knoblauch abziehen und durch die Presse dazudrücken, mit Salz und Pfeffer verrühren. Rosmarin und Petersilie abbrausen, Blättchen abzupfen, fein schneiden und unter das Öl rühren. Dieses über die Tomaten träufeln.

3. Den Käse raspeln und darüberstreuen. Im Ofen (Mitte) 15–20 Min. backen.

* **DAS SCHMECKT DAZU** Als Beilage zu kurz gebratenem Fleisch servieren, z. B. Kalbsschnitzel, Lammkotelett oder Hähnchenbrustfilet.

CHAMPIGNONKÜCHLEIN MIT SCHINKEN

FÜR 2 PERSONEN
ZUBEREITUNG: 35 MIN.
PRO PORTION CA. 480 KCAL
20 g EW, 30 g F, 32 g KH

100 g kleine feste Champignons
1 Frühlingszwiebel
50 g gekochter Schinken
2 Eier
75 ml Milch
75 g Mehl

Salz, schwarzer Pfeffer
Cayennepfeffer
4 EL Öl
125 g saure Sahne
1 TL Kapernsud (aus Kapern im Glas)
1 EL kleine Kapern

1. Die Champignons putzen, abreiben und in dünne Scheiben schneiden. Die Frühlingszwiebel waschen, putzen und nur das Weiße und Hellgrüne in kleine Würfel schneiden. Schinken klein würfeln.

2. Die Eier trennen. Eigelbe, Milch und Mehl zu einem glatten Teig verrühren. Mit Salz, Pfeffer und Cayennepfeffer würzen. Eiweiße steif schlagen und unterheben.

3. Pilze, Frühlingszwiebel und Schinken unter den Teig rühren. Nacheinander jeweils 1 EL Öl in einer großen Pfanne erhitzen, pro Puffer 1–2 EL Teig hineingeben. 10 Küchlein in 2 Portionen von jeder Seite 2–3 Min. braten. Die fertigen Puffer auf Küchenpapier abtropfen lassen und im Backofen bei 100° (Umluft 80°) warm halten.

4. Die saure Sahne mit Kapernsud, Salz und Pfeffer verrühren und zuletzt die Kapern unterheben. Den würzigen Dip zu den warmen Küchlein servieren.

* **DAS SCHMECKT DAZU** Tomatensalat oder grüner Blattsalat mit Vinaigrette (Grundrezept Seite 79)

* **TIPP** Die ca. 10 Küchlein reichen für zwei Personen als Hauptgericht, für vier sind sie ein kleiner Imbiss.

GEDÄMPFTES GEMÜSE MIT WALNUSSDIP

1. Das Gemüse je nach Sorte waschen oder schälen, putzen und in etwa gleich große Stücke schneiden.

2. Die Brühe in einen Topf geben, sodass sie 2–3 cm hoch steht. Mit Lorbeer, Zitronenschale und Pfefferkörnern zum Kochen bringen. Dämpfeinsatz in den Topf stellen und das Gemüse darauflegen. Zugedeckt bei mittlerer Hitze 20–25 Min. garen, bis es bissfest ist.

3. Inzwischen für den Dip die Nüsse fein reiben, mit dem Schmant und Joghurt vermischen. Mit Zitronensaft, Salz und Pfeffer abschmecken. In eine kleine Schüssel füllen. Schnittlauch abbrausen, trocken schütteln und fein schneiden. Auf den Dip streuen.

4. Gemüse auf 2 vorgewärmten Tellern anrichten, leicht salzen und pfeffern, mit dem Olivenöl beträufeln. Den Dip dazureichen.

★ DAS SCHMECKT DAZU Pellkartoffeln

FÜR 2 PERSONEN
ZUBEREITUNG: 35 MIN.
PRO PORTION CA. 410 KCAL
9 g EW, 33 g F, 17 g KH

- 600 g gemischtes Gemüse (z. B. zarte Möhren, Zuckerschoten, grüne Bohnen, Schalotten, Rote Bete)
- 1/4 l Gemüsebrühe
- 1 Lorbeerblatt
- 1 Stück Bio-Zitronenschale
- 3 schwarze Pfefferkörner
- 30 g Walnusskerne
- 100 g Schmant
- 75 g Joghurt
- 1–2 TL Zitronensaft
- Salz, schwarzer Pfeffer
- 1/4 Bund Schnittlauch
- 1–2 EL Olivenöl

108 ★ GEMÜSE

SPARGEL MIT ORANGEN-MANDEL-BUTTER

FÜR 2 PERSONEN
ZUBEREITUNG: 35 MIN.
PRO PORTION CA. 340 KCAL
9 g EW, 29 g F, 11 g KH

500 g weißer Spargel
500 g grüner Spargel
Salz
60 g Butter
1/2 TL Zucker

1/2 Bio-Orange
1 EL Mandelblättchen
schwarzer Pfeffer
einige Zweige Kerbel

1. Den weißen Spargel waschen und schälen, den grünen Spargel nur im unteren Drittel schälen. Die holzigen Endstücke abschneiden. Weißen und grünen Spargel getrennt zu 2 Portionen bündeln (Grundrezept Seite 95).

2. In einem großen Topf 2 l Wasser aufkochen. 2 TL Salz, 2 TL Butter und den Zucker hinzufügen. Weißen Spargel ins kochende Wasser gleiten lassen, zugedeckt bei mittlerer Hitze 10 Min. vorgaren. Grünen Spargel dazugeben, erneut aufkochen lassen und alles weitere 10 Min. garen.

3. Inzwischen die Orangenhälfte heiß waschen, abtrocknen, ein Stück Schale abschneiden und in feine Streifen schneiden (ca. 2 TL). Oder die Schale mit einem Zestenreißer in Spänen abziehen. Die Orange pressen und den Saft auffangen. Die Mandeln in einer Pfanne ohne Fett rösten, die übrige Butter und 2 EL Orangensaft dazugeben und bei geringer Hitze leicht bräunen. Die Butter mit Salz und Pfeffer würzen, Orangenschale einrühren.

4. Den Kerbel abbrausen und Blättchen abzupfen. Spargel mit einer Schaumkelle herausheben und gut abtropfen lassen. Auf eine vorgewärmte Platte geben. Orangenbutter darübergeben und mit Kerbelblättchen bestreuen.

* **DAS SCHMECKT DAZU** Schinken und neue Kartoffeln.

ROSENKOHL IN MEERRETTICH-SAUCE

1. Rosenkohl waschen, putzen und die Strünke kreuzweise einschneiden. In einem Topf 2 l Salzwasser aufkochen, Rosenkohl darin in 10–12 Min. bissfest garen.

2. Inzwischen die Zwiebel abziehen und fein würfeln. Den Rosenkohl abgießen, abtropfen lassen, dabei 1/8 l vom Kochwasser auffangen.

3. Die Butter in einem breiten Topf zerlassen. Zwiebeln bei mittlerer Hitze glasig dünsten. Mehl darüberstäuben und anschwitzen. Kochwasser und Crème fraîche zugeben. Aufkochen und zugedeckt bei mittlerer Hitze 5–8 Min. kochen lassen.

4. Meerrettich einrühren, die Sauce mit Salz, Pfeffer und Zitronensaft würzen. Rosenkohl unterheben und erhitzen. Petersilie waschen, trocken schütteln, abzupfen und fein schneiden. Vor dem Servieren aufstreuen.

★ DAS SCHMECKT DAZU Hart gekochte Eier, Kasseler Rippchen oder gebratenes Fischfilet

FÜR 2 PERSONEN
ZUBEREITUNG: 40 MIN.
PRO PORTION CA. 270 KCAL
11 g EW, 20 g F, 12 g KH

- 500 g Rosenkohl
- Salz
- 1 Zwiebel
- 1 EL Butter
- 1 gehäufter TL Mehl
- 75 g Crème fraîche
- 1 EL geriebener Meerrettich (Glas)
- schwarzer Pfeffer
- 2 TL Zitronensaft
- 3 Stängel Petersilie

RATATOUILLE PROVENÇALE

FÜR 2 PERSONEN
ZUBEREITUNG: 40 MIN.
SCHMORZEIT: 45 MIN.
PRO PORTION CA. 145 KCAL
4 g EW, 11 g F, 8 g KH

1 Gemüsezwiebel
2 Knoblauchzehen
400 g kleine Zucchini
1 kleine Aubergine
je 1 kleine gelbe und rote Paprikaschote

350 g Tomaten
6–8 Zweige Thymian
1 Zweig Rosmarin
3 EL Olivenöl
1 Lorbeerblatt
Salz, schwarzer Pfeffer

1. Zwiebel abziehen, halbieren und 2 cm groß würfeln. Knoblauch abziehen, in dünne Scheiben schneiden. Zucchini und Aubergine waschen, putzen und Stielansätze abschneiden. Aubergine längs vierteln und ebenso wie die Zucchini quer in 1 cm breite Scheiben schneiden. Paprikaschoten halbieren, Trennwände und Kerne entfernen, waschen und die Hälften in 4 cm große Stücke schneiden.

2. Tomaten mit kochendem Wasser überbrühen, kalt abschrecken, häuten und vierteln. Thymian und Rosmarin abbrausen, trocken schütteln, Blättchen und Nadeln abzupfen und fein schneiden.

3. Die Hälfte des Öls in einem breiten Schmortopf erhitzen. Zwiebel und Knoblauch darin glasig dünsten. Erst Aubergine und Paprika dazugeben und unter gelegentlichem Wenden 5 Min. braten. Herausnehmen, dann die Zucchini mit dem übrigen Öl in 5 Min. kräftig anbraten. Alles Gemüse zurück in den Topf geben. Thymian, Rosmarin und Lorbeerblatt hinzufügen, salzen und pfeffern. Tomaten in den Topf geben. Alles bei starker Hitze aufkochen, dann zugedeckt bei geringer Hitze 45 Min. schmoren lassen.

4. Die Kräuter entfernen. Die Ratatouille mit Salz und Pfeffer abschmecken. Heiß, lauwarm oder kalt servieren. Als Hauptgericht für zwei, als Gemüsebeilage für vier.

WIRSINGROULADEN ITALIENISCH

1. In einem großen Topf reichlich Salzwasser aufkochen. Vom Wirsing 4 schöne Blätter einzeln ablösen. Im Salzwasser 8 Min. blanchieren, dann abschrecken und abtropfen lassen.

2. Inzwischen Zwiebel und Knoblauch abziehen, fein hacken, in 1 EL Öl glasig dünsten und abkühlen lassen. Oliven und Tomaten klein würfeln. Petersilie abbrausen, trocken schütteln, abzupfen und fein schneiden.

3. Die vorbereiteten Zutaten zum Hackfleisch geben und gut unterkneten. Mit Oregano, Salz und Pfeffer würzen.

4. Die Wirsingblätter ausbreiten und die dicken Mittelrippen flach drücken. Die Füllung in länglichen Portionen auf der Mitte der Blätter verteilen. Die seitlichen Ränder einschlagen und die Wirsingblätter aufrollen.

5. In einem breiten Schmortopf das übrige Öl erhitzen. Die Wirsingrouladen darin rundherum anbraten. Paprikapulver, Brühe und Sahne einrühren und zugedeckt bei geringer Hitze 30 Min. schmoren lassen.

6. Die Rouladen herausnehmen, die Sauce mit Saucenbinder binden, mit Salz und Pfeffer würzen.

★ DAS SCHMECKT DAZU Weißbrot oder Reis

★ VARIANTE Auch andere Kohlblätter eignen sich für die Rouladen, wie z. B. Spitzkohl oder Weißkohl.

FÜR 2 PERSONEN
ZUBEREITUNG: 35 MIN.
SCHMORZEIT: 30 MIN.
PRO PORTION CA. 600 KCAL
30 g EW, 46 g F, 19 g KH

Salz
1 Wirsing (4 große Blätter)
1 kleine Zwiebel
1 Knoblauchzehe
2 EL Öl
5 schwarze Oliven (ohne Stein)
2 getrocknete Tomaten (in Öl)
3–4 Stängel Petersilie
200 g gemischtes Hackfleisch
1 TL getrockneter Oregano
schwarzer Pfeffer
1 EL edelsüßes Paprikapulver
200 ml Fleischbrühe
100 g Sahne
1 EL Saucenbinder

FLEISCH

CRASHKURS FLEISCH

Rumpsteak wird aus dem zarten Rückenstück des Rinds (Roastbeef) geschnitten und mit Fettrand gebraten.

Rinderhüftsteak stammt aus der Hüfte, einem Teilstück der Rinderkeule und eignet sich zum Kurzbraten.

Rinderroulade ist eine dünne, große Scheibe aus der Oberschale (Keule) und ein traditionelles Schmorgericht.

Rindergulasch wird sehr zart beim Schmoren, wenn es aus dem feinfaserigen dicken Bugstück der Schulter stammt.

Vom Steak bis zum großen Braten, vom Schnitzel bis zum Ragout – aus Rind, Kalb, Schwein und Lamm lässt sich das Beste zubereiten. Allerdings nicht aus allem alles. Hier sagen wir Ihnen, welche Teile für welche Zubereitungen und Rezepte am besten geeignet sind.

WELCHES STÜCK VOM RIND WOFÜR?

Rindfleisch hat sich in unserer Küche – trotz wechselnder Trends – fest etabliert. In der Regel kommt nur das Fleisch von jungen Tieren in den Handel, die nicht älter als zwei Jahre sind. Wichtig beim Einkauf: Rindfleisch sollte grundsätzlich gut abgehangen – erkennbar an der mittel- bis dunkelroten Farbe – und von feinen Fettäderchen marmoriert, also durchzogen sein. Fleisch vom Rind lässt sich auf viele Arten zubereiten: grillen, braten, kochen oder schmoren.

Filet oder Lende ist das zarteste und zugleich teuerste Stück vom Rind. Daraus werden kleine, feine Steaks zum Kurzbraten und Grillen geschnitten.

Roastbeef (Rostbraten) gehört wegen seines saftigen und feinfaserigen Fleischs zu den wertvollsten Teilen des Rindes. Man bekommt es beim Metzger am Stück und bereitet es als schnellen Braten im Ofen zu. Für Rumpsteaks wird es in etwa 200 g schwere Scheiben zerteilt.

Rinderhüfte hat ein locker faseriges Fleisch und ist von feinen Fettäderchen durchzogen, die es saftig und zart machen. Das Teilstück aus der Rinderkeule wird zum Garen (Tafelspitz), Schmoren (Rouladen, Gulasch) oder Braten und Grillen (Hüftsteaks mit ca. 150 g) verwendet.

Ober- und Unterschale sind die besten großen Stücke vom Rind und werden aus der Rinderkeule geschnitten. Das Oberschalenfleisch (Kluft) ist mager und zart und eignet sich prima für große Rouladen und Braten, aber auch für Gulaschgerichte, Fondue und Beefsteaks. Das Fleisch der Unterschale (Schwanzstück) ist grobfaseriger und schmeckt gut ebenfalls als Gulasch, Rostbraten oder als Rouladen.

Tafelspitz heißt ein ganz zartes und sehnenfreies Stück Fleisch aus der Rinderhüfte zum Kochen und Schmoren.

Suppenfleisch vom Rind, hier aus dem Brustkern. Ein festes, fettdurchzogenes Stück – bestens für kräftige Suppen.

Kalbsschnitzel – große dünne Scheiben aus der Keule, vor allem aus der Oberschale, sind kurz gebraten der Hit.

Kalbsbraten gelingt wunderbar saftig und zart, wenn man ihn aus der Kugel, einem Teil der Keule, zubereitet.

Schulter oder Rinderbug wird zerlegt in: das dicke Bugstück (perfekt für Rinderschmorbraten), das Schaufelstück (gut zum Kochen und Schmoren, z. B. Sauerbraten) und das falsche Filet (ideal für Schmorbraten, Ragouts und Eintöpfe).

Suppenfleisch ist ein fleischiges Stück vom Rind, das mit Fettschichten durchzogen sein sollte. Es wird meist aus Brustkern, Querrippe oder Buglende geschnitten und verleiht als Kochfleisch Brühen und Suppen ein kräftiges Aroma.

STÜCKE VOM KALB

Kalbfleisch genießt mit seinem geringen Fettgehalt, seiner feinfaserigen Struktur und seinem milden Geschmack unter Kennern großes Ansehen. Zu Recht: Das Fleisch ist hell, extrem zart und vielseitig verwendbar. Es stammt von Mastkälbern, die weniger als acht Monate vor allem mit Milch aufgezogen wurden. Das Fleisch älterer Tiere (bis 12 Monate), die schon mit Getreide gefüttert wurden, wird dagegen als Jungrindfleisch verkauft.

Ober- und Unterschale nennt man Teilstücke aus der Kalbskeule: Die Oberschale ist hellrosa und zart und eignet sich im Ganzen als Braten und geschnitten für Kalbsschnitzel und -rouladen. Die Unterschale bietet saftiges Fleisch zum Kurzbraten (Geschnetzeltes oder Schnitzel) und Schmoren (Rouladen).

Kugel oder Nuss, ein besonders hochwertiges Teil aus der Kalbskeule, ist ideal für einen großen, saftigen Braten aus dem Ofen. Ausgezeichnet macht es sich auch als Gulasch, Geschnetzeltes oder Schnitzel.

Kalbsnacken ist ein äußerst vielseitiges Stück und eignet sich für saftigen Braten, Ragout, Frikassee und Kalbsgulasch. Das Fleisch ist schön marmoriert und bleibt dadurch beim Braten oder Schmoren besonders zart.

Kalbsrücken wird im Ganzen, aber auch in Scheiben zu Koteletts geschnitten, gebraten. Ausgelöster Kalbsrücken oder -lende liefert in Scheiben feine Steaks zum Kurzbraten.

Schweinefilet wird in runde Scheiben zu Medaillons geschnitten und ist rosa gebraten ein äußerst zarter Genuss.

Schweineschnitzel aus der Oberschale bleiben quer zur Faser geschnitten und kurz gebraten wunderbar saftig.

Nackenkotelett ist leicht mit Fett durchzogen und daher sehr saftig und aromatisch. Ideal zum Braten und Grillen.

Schweinebraten – hier eine Unterschale mit Schwarte – ist der Klassiker unter den würzigen Krustenbraten.

STÜCKE VOM SCHWEIN

Schweinefleisch rangiert auf der Skala der beliebtesten Fleischsorten an erster Stelle. Das hellrote Fleisch ist feinfaserig, zart, leicht mit Fett durchwachsen und muss – anders als Rindfleisch – nur zwei Tage abhängen. Schweine reagieren extrem auf Stress, was zum sogenannten PSE-Fleisch (pale »blass«, soft »weich«, exudative »wässrig«) führen kann – also helles, wässriges Fleisch, das in der Pfanne schrumpft, zäh und trocken wird. Kaufen Sie deshalb Fleisch von Schweinen aus artgerechter Tierhaltung: Gutes Fleisch ist kräftig rosa gefärbt, aromatisch und saftig.

Schweinefilet, Lummer oder Lende ist das edelste Stück vom Schwein: ein langer Muskelstrang, der im Lendenbereich der Wirbelsäule verläuft. Das magere, saftige und sehr zarte Fleisch gibt es am Stück. Es lässt sich zum Braten oder Kurzbraten in dickere Scheiben (Medaillons) oder in Streifen (Geschnetzeltes) schneiden.

Die **Keule** vom Schwein wird in Ober- und Unterschale, Nuss und Schinkenspeck zerlegt. Fleisch aus der Ober- und Unterschale ist sehr zart und mager, und eignet sich prima für Braten und Schnitzel. Nuss und Schinkenspeck liefern bestes Fleisch für Steaks, Gulasch und Fondue.

Der **Kotelettstrang** gehört zu den beliebtesten Teilstücken aus dem Schweinerücken. Es gibt Stiel- und Lendenkotelett mit Filetanteil, im Stück oder in Scheiben, auch gepökelt als Kasseler oder Rippchen. Ungepökelt ist es zum Braten oder Grillen, gepökelt für Eintöpfe und Schmorbraten geeignet. Ausgelöst wird der Kotelettstrang in dickere Schweinelachssteaks oder dünne Minutensteaks geschnitten.

Schweinenacken, Hals oder Kamm ist das vorderste Stück des Kotelettstrangs mit oder ohne Knochen. Das Fleisch schmeckt herzhaft und ist von feinen Fettadern durchzogen: Ideal für einen saftigen Braten, Eintopf oder Gulasch – und zum Grillen. In Scheiben geschnitten werden daraus Nackenkoteletts (mit Knochen) und Nackensteaks (ohne Knochen).

EXKURS – HACKFLEISCH

Hackfleisch, zumeist halb Rind, halb Schwein, ist praktisch für die schnelle Küche. Laut gesetzlicher Verordnung muss Hackfleisch immer am Tag der Herstellung verkauft werden und sollte dann auch sofort verarbeitet oder eingefroren werden. Nach der Verarbeitung des Gehackten sollten Sie unbedingt Hände und Gerätschaften gründlich reinigen, um eine Infektion mit Salmonellen zu vermeiden

   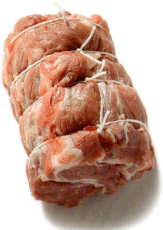

Lammkoteletts besitzen ein von feinen Fettadern durchzogenes Fleisch, das beim Braten und Grillen supersaftig und schön zart bleibt.

Lammlachs, ein zartes Stück aus dem Rücken, ist sehr mild im Geschmack und daher für ein erstes Probieren allerbestens geeignet.

Lammkeule – hier ausgelöst und in Sücke zerteilt – liefert wunderbar mürbes Fleisch für Gulasch, Fondue und Grillspieße.

Lammrollbraten aus der Schulter, ohne Knochen und mit einem Netz rund geformt, ist ideal zum Braten und Schmoren.

STÜCKE VOM LAMM

Lammfleisch gilt unter Feinschmeckern schon lange als Delikatesse: Lämmer wachsen meist im Freien auf, sie dürfen grasen und frei über Wiesen und Deiche laufen. Deshalb ist ihr Fleisch auch zumeist so zart und aromatisch. Bei uns wird fast ausschließlich Fleisch von Mastlämmern verkauft, die nicht älter als ein Jahr sind. Ihr Fleisch ist dunkelrosa und leicht mit Fett durchzogen, der Geschmack feinwürzig. Als besonderes Schmankerl gelten Heidschnucken aus der Lüneburger Heide und Salzwiesenlämmer von der Küste. Ein großer Teil unseres Lammfleischangebots – frisch oder tiefgefroren – stammt aus Neuseeland.

Lammrücken gibt es am Stück, mit oder ohne Knochen und ist wunderbar für einen saftigen Braten. Wird der Rücken quer in Scheiben geschnitten, erhält man doppelte Koteletts. Für einfache Koteletts werden sie halbiert. Lammlachs heißt ein ausgelöstes Kurzbratstück vom Rückenstrang, zart, fettarm und frei von Sehnen, und ähnlich hochwertig wie Filet.

Lammkeule ist ein Klassiker für Lammliebhaber und ergibt im Ganzen, am besten am Knochen im Ofen zubereitet, einen köstlichen Braten. Keulensteaks eignen sich prima zum Braten und Grillen. Man kann das Fleisch aber auch in Würfel geschnitten z. B. für Gulasch, Fondue oder Spieße verwenden.

Lammnacken, Hals oder Kamm ist sehr gut marmoriert und wird ausgelöst und in Würfel geschnitten gerne für saftige Gulaschs, Ragouts und Eintöpfe verwendet.

Lammschulter, auch Bug oder Schaufel, ist relativ preiswert und am Stück, mit und ohne Knochen erhältlich sowie in gerollter Form. So ist er prima geeignet für Roll- und Schmorbraten. Aus Teilstücken bereitet man Spieße, Eintöpfe, Gulasch und kräftige Suppen zu.

1. RINDERSTEAKS BRATEN

1. 2 Rumpsteaks (à 200 g) trocken tupfen, Fettrand mehrmals senkrecht einschneiden – sonst wölbt sich das Fleisch später.

2. In einer großen Pfanne 2 EL Pflanzenöl stark erhitzen. Das Fett ist heiß genug, wenn an einem Holzstiel Bläschen aufsteigen.

3. Steaks hineingeben, im heißen Öl 1 Min. braten, dann wenden und von der anderen Seite noch 1 weitere Min. braten.

2. GESCHNETZELTES BRATEN

1. 300 g Schweinefilet (Mittelstück) waschen und trocken tupfen. Das Fleisch quer zur Faser in etwa 1 cm dicke Scheiben schneiden.

2. Die Fleischscheiben (Medaillons) mit einem scharfen Messer in streichholzlange, dünne Streifen schneiden.

3. 2 EL Pflanzenöl sehr heiß werden lassen. Die Fleischstreifen portionsweise hineingeben und bei starker Hitze 1–2 Min. kräftig anbraten.

3. SCHNITZEL PANIEREN UND BRATEN

1. 2 Kalbsschnitzel (à 200 g) in je einen Gefrierbeutel geben und mit einem Topfboden oder einem Fleischklopfer flach klopfen.

2. Die Fleischscheiben beidseitig salzen und pfeffern. Erst in 50 g Mehl (in einem Teller) wenden, überschüssiges Mehl abklopfen.

3. Dann die Schnitzel durch 2 (auf einem anderen Teller) gründlich verschlagene Eier mit einer Gabel ziehen.

4. 1 EL Butter dazugeben – sie unterstreicht den Eigengeschmack. Fleisch bei mittlerer Hitze 4–6 Min. weiterbraten, salzen und pfeffern.

5. Garzeiten bei Steaks. Blutig: braune Kruste, innen rosa und der Kern roh. Garzeit: 2 Min. pro Seite.

6. Rosa oder medium: braune Kruste. Innen rosa. 3–4 Min. pro Seite. Durch oder well done: braune Kruste, durchgebraten. 5 Min. pro Seite.

4. Die Fleischstreifen herausnehmen und warm stellen. Den Bratensatz mit 6 EL Brühe, Fond oder Wein ablöschen.

5. Die Flüssigkeit einkochen, dann 250 g Sahne dazugeben. Den Bratfond unter Rühren loskochen und in 5–10 Min. sämig einkochen lassen.

6. Zum Schluss das Fleisch und seinen Bratensaft in die Pfanne geben, 2–3 Min. ziehen lassen. Salzen und pfeffern.

4. Anschließend sofort von beiden Seiten in 75 g Semmelbröseln (auf einem dritten Teller) wenden, die Panade leicht andrücken.

5. In einer großen Pfanne 4 EL Pflanzenöl mäßig heiß werden lassen. 2 Schnitzel darin auf beiden Seiten in 3 Min. goldbraun braten.

6. Fleisch wenden und weitere 3 Min. braten. Auf Küchenpapier kurz abtropfen lassen, warm halten. Mit Zitronenspalten servieren.

FLEISCH – GRUNDREZEPTE * 121

4. SCHWEINEKRUSTENBRATEN

1. 1 kg Schweineschulter (Schwarte vom Metzger rautenförmig einschneiden lassen) waschen und mit Küchenpapier trocken tupfen.

2. Die eingeschnittene Schwartenseite und die Unterseite des Fleischs kräftig mit einer Mischung aus Salz und Pfeffer einreiben.

3. Braten mit der Schwarte nach unten in eine Reine oder die Saftpfanne des Ofens legen. 1/4 l kräftige Gemüsebrühe dazugeben.

5. RAGOUT SCHMOREN

1. 400 g Rinderschulter waschen, trocken tupfen und mit einem scharfen Messer in 3–4 cm große Würfel schneiden.

2. 2 EL Butterschmalz oder Pflanzenöl stark erhitzen. Fleisch in 2–3 einzelnen Portionen im Bratfett rundum braun anbraten.

3. Das Fleisch herausnehmen. 150 g Möhrenstücke und 100 g abgezogene Schalotten im heißen Bratfett 2–3 Min. kräftig anrösten.

6. FRIKADELLEN BRATEN

1. 1 trockenes Brötchen vom Vortag in einer kleinen Schüssel mit 1/4 l lauwarmem Wasser übergießen und 5 Min. einweichen.

2. 2 Zwiebeln abziehen und fein hacken, mit 600 g gemischtem Hackfleisch und 1 Ei in eine Schüssel geben.

3. Das Brötchen gut ausdrücken, in grobe Stücke zupfen und zum Fleisch geben. Mit Salz, Pfeffer und 1/2 TL Senf würzen.

4. 1/8 l Malzbier dazugießen. Das Fleisch im vorgeheizten Ofen bei 200° (Umluft 180°) auf der 2. Schiene von unten 30 Min. braten.

5. Fleisch wenden, nach Belieben Gemüse (Kartoffeln, Möhren, Zwiebeln) dazugeben. 90 Min. bei 180° (Umluft 160°) weiterbraten.

6. Braten und Gemüse herausheben. Bratensatz mit 1/4 l Wasser lösen, sieben und entfetten. Mit 2 EL dunklem Saucenbinder binden.

4. Alle Fleischwürfel zurück in den Topf geben. Salzen und pfeffern. Etwa 100 ml heiße Rinderbrühe (von insgesamt 1/4 l) angießen.

5. Alles erhitzen. Topf mit dem passenden Deckel verschließen und das Fleisch bei geringer Hitze 30 Min. leise kochen lassen.

6. Dann umrühren, übrige Brühe (150 ml) nachgießen, weitere 60 Min. schmoren. Das Ragout mit Salz und Pfeffer abschmecken.

4. Die Hackfleischmasse gut verkneten. Mit angefeuchteten Händen aus der Masse 8 gleich große Frikadellen formen.

5. In einer größeren Pfanne 1 EL Öl erhitzen und die Hälfte der Frikadellen darin bei mittlerer Hitze in 6 Min. braun braten.

6. Die Frikadellen wenden und weitere 6 Min. braten. Sobald sie fertig sind, herausnehmen, die zweite Portion genauso braten.

FLEISCH – GRUNDREZEPTE * 123

SALTIMBOCCA MIT PFEFFERSAUCE

1. Den Backofen auf 100° (Umluft 80°) vorheizen. Die Schnitzel trocken tupfen, flach klopfen (Grundrezept Seite 120) und jeweils einmal quer halbieren. Auf alle 4 Schnitzelchen je 1 Scheibe Schinken und 2 Salbeiblätter legen. Schnitzel zusammenklappen, mit Holzstäbchen feststecken, salzen und pfeffern.

2. In einer großen Pfanne das Öl erhitzen. Die Schnitzel darin 2 Min. braten, wenden und noch 1 Min. braten. Herausnehmen und im Ofen warm halten.

3. Den Marsala und den Fond in die Pfanne geben, den Bratensatz loskochen und 5 Min. bei mittlerer Hitze einkochen lassen. Die Butter in Flöckchen unterschlagen. Grünen Pfeffer einrühren, die Sauce mit Salz würzen. Die Schnitzel mit der Sauce servieren.

* DAS SCHMECKT DAZU In flüssiger Butter geschwenkte Bandnudeln

---

FÜR 2 PERSONEN
ZUBEREITUNG: 25 MIN.
PRO PORTION CA. 440 KCAL
66 g EW, 28 g F, 6 g KH

- 2 dünne Kalbsschnitzel (à ca. 120 g)
- 4 Scheiben Parmaschinken
- 8 große Salbeiblätter
- Salz, schwarzer Pfeffer
- 1 1/2 EL Pflanzenöl
- 6 EL Marsala (italienischer Süßwein)
- 100 ml Kalbsfond (Glas)
- 1 EL eiskalte Butter
- 1 TL grüne Pfefferkörner (Glas)
- Holzstäbchen

124 * FLEISCH

LAMMKOTELETTS MIT PETERSILIENSALAT

FÜR 2 PERSONEN
ZUBEREITUNG: 35 MIN.
MARINIERZEIT: 60 MIN.
PRO PORTION CA. 680 KCAL
24 g EW, 63 g F, 4 g KH

4 doppelte Lammkoteletts (à 150 g)
6 EL Olivenöl
2 TL Zitronensaft
1/2 TL getrockneter Thymian
1 kleine Knoblauchzehe

Salz, schwarzer Pfeffer
3 Tomaten
1/2 Salatgurke (ca. 400 g)
1 kleine weiße Zwiebel
1/2 Bund Petersilie

1. Die Lammkoteletts waschen, trocken tupfen und den Fettrand mehrmals einschneiden, damit sich die Koteletts beim Braten nicht biegen. In eine flache Schale legen.

2. Für die Marinade 2 EL Olivenöl, Zitronensaft und Thymian verrühren. Die Knoblauchzehe abziehen und dazupressen. Die Marinade salzen und pfeffern und über die Lammkoteletts träufeln. 1 Std. ziehen lassen.

3. Für den Salat die Tomaten waschen, die Gurke schälen, längs halbieren und entkernen und beides in 1 cm kleine Würfel schneiden. Die Zwiebel abziehen und fein würfeln. Petersilie abbrausen, trocken schütteln, die Blätter abzupfen und schneiden. Alles mischen. Mit Salz und Pfeffer würzen und mit 3 EL Olivenöl beträufeln.

4. In einer großen Pfanne das übrige Öl erhitzen. Die Lammkoteletts aus der Marinade nehmen, trocken tupfen, in die Pfanne geben und von jeder Seite 4–5 Min. braten. Mit dem Petersiliensalat anrichten.

* **DAS SCHMECKT DAZU** Weißbrot und Oliven

* **GÄSTE-TIPP** Statt in der Pfanne können Sie die doppelte Menge Koteletts auch auf dem Blech im vorgeheizten Backofen bei 250° (Mitte, Umluft nicht empfehlenswert) 15 Min. braten, nach 5 Min. wenden.

LAMM-SOUFLAKI MIT JOGHURTSAUCE

1. Das Fleisch trocken tupfen, eventuell von Sehnen und Fett befreien, in 2 cm große Würfel schneiden. Knoblauchzehe abziehen und durch die Presse drücken. Petersilie waschen, trocken schütteln, Blätter abzupfen und die Hälfte sehr fein schneiden. Für die Marinade Knoblauch, geschnittene Petersilie, Zitronensaft, Paprikapulver, Salz, Pfeffer und 2 EL Olivenöl verrühren. Fleisch darin wenden und 4 Std. marinieren.

2. Die Paprikaschoten halbieren, Trennwände und Kerne entfernen, waschen und die Hälften in 2 cm große Stücke schneiden. Zwiebel abziehen, vierteln und diese mit den Händen nochmals in 2 Stücke teilen. Das Fleisch abtropfen lassen, mit den Paprika- und Zwiebelstücken abwechselnd auf Schaschlikspieße stecken.

3. Eine Grillpfanne oder eine große Pfanne sehr heiß werden lassen. Die Spieße hineingeben und 20–25 Min. braten, dabei nach der Hälfte der Bratzeit umdrehen.

4. Inzwischen den Joghurt mit 1 EL Olivenöl glatt rühren und mit Salz würzen. Übrige Petersilienblätter schneiden und darüber streuen. Joghurtsauce zu den Lammspießen servieren.

* DAS SCHMECKT DAZU Warmer Tomatenbulgur (Seite 57) oder frisches Fladenbrot.

* TIPP Statt in der Pfanne können Sie die Spieße auch unter dem Elektrogrill oder auf dem Holzkohlengrill zubereiten: Dazu legen Sie sie auf den Rost und braten sie unter der Grillschlange oder über der Glut 15 Min. von allen Seiten.

FÜR 2 PERSONEN
ZUBEREITUNG: 45 MIN.
MARINIERZEIT: 4 STD.
PRO PORTION CA. 545 KCAL
32 g EW, 43 g F, 8 g KH

300 g magere Lammschulter oder -lende
1 Knoblauchzehe
1/2 Bund Petersilie
1 EL Zitronensaft
1 TL edelsüßes Paprikapulver
Salz, schwarzer Pfeffer
3 EL Olivenöl
je 1/2 grüne und rote Paprikaschote
1 kleine weiße Zwiebel
150 g griechischer Sahnejoghurt
Schaschlikspieße

SCHWEINEMEDAILLONS IN PILZSAHNE

FÜR 2 PERSONEN
ZUBEREITUNG: 40 MIN.
PRO PORTION CA. 485 KCAL
43 g EW, 31 g F, 5 g KH

250 g kleine Champignons
3 Frühlingszwiebeln
350 g Schweinefilet
  (Mittelstück)
Salz, schwarzer Pfeffer

1 EL Pflanzenöl
2 TL Butter
125 g Sahne
6 EL Hühnerbrühe
1 TL Senf

1. Pilze abreiben und putzen; die größeren halbieren. Frühlingszwiebeln waschen, putzen und das Weiße und Hellgrüne in feine Ringe schneiden. Das Filet waschen, trocken tupfen und in 2–3 cm dicke Scheiben (Medaillons) schneiden. Rundum salzen und pfeffern.

2. In einer großen Pfanne das Öl erhitzen. Medaillons von jeder Seite 3–4 Min. bei mittlerer Hitze braten, dann herausnehmen und beiseitestellen.

3. Die Butter erhitzen, Frühlingszwiebeln darin kurz andünsten. Pilze dazugeben, salzen und pfeffern, bei mittlerer Hitze 5–6 Min. garen. Sahne und Brühe dazugießen, 5–6 Min. bei starker Hitze einkochen, bis die Sauce cremig ist. Senf einrühren. Fleisch in die Champignonsauce einlegen, 5 Min. sanft kochen lassen. Mit Salz und Pfeffer würzen.

PAPRIKA-NACKENSTEAKS

FÜR 2 PERSONEN
ZUBEREITUNG: 40 MIN.
PRO PORTION CA. 515 KCAL
37 g EW, 29 g F, 27 g KH

1 rote Paprikaschote
1 kleine Zwiebel
75 g Maiskörner (Dose)
2 Nackensteaks (à ca. 160 g)
Salz, schwarzer Pfeffer
1 TL Chilipulver
1 EL Butterschmalz
1 EL Paprika- oder Tomatenmark
1/8 l Gemüsebrühe
75 g Schmant
1/4 Bund Schnittlauch

1. Die Paprikaschote halbieren, Trennwände und Kerne entfernen, waschen und die Hälften klein würfeln. Zwiebel abziehen und fein würfeln. Mais gut abtropfen lassen.

2. Das Fleisch waschen, trocken tupfen und auf beiden Seiten mit Salz, Pfeffer und Chilipulver würzen.

3. In einer Pfanne das Butterschmalz heiß werden lassen, Nackensteaks darin bei starker Hitze auf jeder Seite 2 Min. braten. Herausnehmen, auf einem Teller im Ofen bei 120° warm stellen.

4. Die Zwiebel hinzufügen, im übrigen Bratfett glasig dünsten. Paprikawürfel dazugeben, weitere 3 Min. mitbraten. Das Paprika- oder Tomatenmark einrühren, kurz anschwitzen. Brühe und Schmant unterrühren, aufkochen und 5 Min. leise kochen lassen.

5. Die Maiskörner einrühren, die Sauce mit Salz, Pfeffer und Chilipulver würzen. Die Nackensteaks kurz in der Sauce ziehen lassen. Schnittlauch waschen, trocken schütteln, in Röllchen schneiden und darüberstreuen.

* **DAS SCHMECKT DAZU** Kartoffelpüree oder Pommes frites und ein Kohlsalat mit Vinaigrette (Essig-Öl-Marinade, Grundrezept Seite 79).

RINDER**SCHMORBRATEN**

FÜR 4 PERSONEN
ZUBEREITUNG: 30 MIN.
SCHMORZEIT: 90 MIN.
PRO PORTION CA. 410 KCAL
44 g EW, 22 g F, 9 g KH

800 g Rinderschmorbraten (aus der Keule, ohne Knochen)
Salz, schwarzer Pfeffer

1 Bund Suppengrün
3 Zwiebeln
3 EL Pflanzenöl
1/2 EL Zucker

1 EL Tomatenmark
400 ml Rinderbrühe
1–2 EL dunkler Saucenbinder

1. Fleisch waschen, trocken tupfen und mit Salz und Pfeffer einreiben. Suppengrün waschen, putzen oder schälen. Das Gemüse grob zerteilen. Zwiebeln abziehen und vierteln.

2. Ofen auf 160° vorheizen. Das Öl in einem Bräter erhitzen, Fleisch darin rundherum anbraten, dabei immer wieder wenden. Gemüse und Zwiebeln dazugeben, 2–3 Min. andünsten. Zucker und Tomatenmark zugeben, 2 Min. anbraten. Brühe dazugießen und aufkochen lassen. Den Braten im heißen Ofen (2. Schiene von unten) 1 1/2 Std. zugedeckt schmoren.

3. Den Braten herausnehmen, den Sud durch ein Sieb in einen Topf gießen. Braten wieder in den Bräter legen und zugedeckt 10 Min. im abgeschalteten Ofen ruhen lassen. Die Sauce mit Salz und Pfeffer würzen und mit dem Saucenbinder binden.

* DAS SCHMECKT DAZU Kartoffel-Spinat-Püree (Seite 16)

RINDSROULADEN MIT STEINPILZSAUCE

FÜR 2 PERSONEN
ZUBEREITUNG: 45 MIN.
SCHMORZEIT: 90 MIN.
PRO PORTION CA. 500 KCAL
41 g EW, 35 g F, 3 g KH

5 g getrocknete Steinpilze
2 Rinderrouladenscheiben
 (à 150–180 g)
Salz, schwarzer Pfeffer
2 TL körniger Senf
50 g geräucherter Bauchspeck

6 Zweige Thymian
2 Schalotten
1 EL Butterschmalz
2 EL trockener Sherry
6 EL Sahne

1. Die Steinpilze in 6 EL lauwarmem Wasser 20 Min. einweichen. Rouladenscheiben trocken tupfen und beidseitig salzen und pfeffern. Dünn mit Senf bestreichen.

2. Den Speck fein würfeln. Thymian abbrausen, trocken schütteln, Blätter abzupfen und schneiden. Schalotten abziehen und fein würfeln. Pilze abgießen und den Sud dabei auffangen. Pilze ausdrücken und hacken. Erst Speck und Thymian auf den Rouladen verteilen, dann Schalotten und Steinpilze. Die Fleischscheiben von der Querseite her zu Rouladen rollen, die Enden etwas einschlagen, damit die Füllung nicht herausfällt. Mit Rouladennadeln oder Holzspießchen feststecken.

3. Das Butterschmalz in einem breiten Topf stark erhitzen. Die Rouladen darin in 5 Min. von allen Seiten anbraten. Mit dem Steinpilzsud und Sherry ablöschen. Zugedeckt 1 1/2 Std. bei mittlerer Hitze schmoren, dabei nach und nach 200 ml heißes Wasser zugießen. Die Rouladen regelmäßig wenden.

4. Rouladen herausnehmen. Die Sauce mit der Sahne aufkochen, abschmecken, zu den Rouladen servieren.

* **DAS SCHMECKT DAZU** Grüne Bohnen und frische Salzkartoffeln.

CHILI CON CARNE

1. Die Zwiebel und die Knoblauchzehe abziehen, die Peperoni putzen und alles in kleine Würfel schneiden. Die Paprikaschoten putzen, entkernen, waschen und in Rauten schneiden.

2. Das Öl in einem breiten Topf erhitzen. Hackfleisch darin unter Rühren bei starker Hitze in 5 Min. krümelig anbraten. Zwiebel und Peperoni dazugeben, glasig dünsten. Knoblauch dazugeben.

3. Die Paprikastücke zufügen und bei mittlerer Hitze 2 Min. andünsten. Die Brühe und Tomaten mit Saft dazugeben. Alles gut vermischen und bei mittlerer Hitze 20 Min. offen garen.

4. Inzwischen die Bohnen in einem Sieb kalt abbrausen, zum Fleisch geben und offen 5 Min. mitgaren. Mit Salz, Pfeffer und Chilipulver würzen. Schnittlauch waschen, trocken schütteln, fein schneiden und auf den Eintopf streuen.

* SERVIER-TIPP Chili con carne mit grob geraspeltem Käse, z. B. Gouda, bestreuen.

FÜR 2 PERSONEN
ZUBEREITUNG: 50 MIN.
PRO PORTION CA. 630 KCAL
42 g EW, 27 g F, 55 g KH

- 1 Zwiebel
- 1 Knoblauchzehe
- 1 rote Peperoni
- je 1/2 rote und grüne Paprikaschote
- 1 EL Olivenöl
- 200 g gemischtes Hackfleisch
- 1/4 l Gemüsebrühe
- 1 Dose geschälte Tomaten (240 g Abtropfgewicht)
- 200 g rote Kidneybohnen (aus der Dose)
- Salz, schwarzer Pfeffer
- 1 TL Chilipulver (Gewürzmischung)
- 1/2 Bund Schnittlauch

132 * FLEISCH

HACKBÄLLCHEN IN ZITRONEN-KAPERN-SAUCE

FÜR 2 PERSONEN
ZUBEREITUNG: 55 MIN.
PRO PORTION CA. 460 KCAL
30 g EW, 33 g F, 12 g KH

1/2 Brötchen vom Vortag
1 kleine Zwiebel
250 g gemischtes Hackfleisch
2 Eigelbe
1 TL Senf
Salz, schwarzer Pfeffer

1 EL Butter
1 EL Mehl
1/2 Bio-Zitrone
2 TL Kapern
1/2 Bund Dill

1. Das Brötchen 10 Min. in lauwarmem Wasser einweichen. Inzwischen die Zwiebel abziehen und fein würfeln.

2. Das Hackfleisch in eine Schüssel geben. Das Brötchen ausdrücken, zerpflücken und zusammen mit den Zwiebelwürfeln, 1 Eigelb und Senf dazugeben. Alles gut vermischen und kräftig mit Salz und Pfeffer würzen. Aus der Fleischmasse mit angefeuchteten Händen tischtennisballgroße Klößchen drehen.

3. In einem Topf 1/2 l Salzwasser zum Kochen bringen, die Hackbällchen einlegen. Einmal aufkochen, dann offen bei geringer Hitze in 15 Min. gar ziehen lassen. Die Klößchen mit einer Schaumkelle aus dem Topf heben. 300 ml Brühe abmessen und durch ein Sieb gießen.

4. Für die Sauce die Butter zerlassen, Mehl darüberstäuben und anschwitzen, bis es hellgelb ist. Die abgemessene Brühe dazugießen, unter Rühren aufkochen und 5 Min. bei mittlerer Hitze kochen lassen. Zitrone heiß waschen, abtrocknen, 1/2 TL Schale fein abreiben, 1 EL Saft auspressen. Die Sauce mit Salz, Pfeffer, Zitronenschale und dem Saft abschmecken. Das Eigelb und Kapern einrühren. Klößchen in die Sauce geben, 5 Min. ziehen lassen. Dill waschen, trocken schütteln, schneiden und darüberstreuen.

GEFLÜGEL

CRASHKURS GEFLÜGEL

Hähnchen rangieren als knusprige Brat- oder Grillhähnchen an erster Stelle bei den geflügelten Genüssen.

Hähnchenschenkel mit Haut: saftig und kräftiger im Geschmack als Brustfleisch. Lecker zum Braten und Schmoren.

Hähnchenflügel sind als »Chicken wings« ein echter Finger-Food-Spaß: würzig mariniert und glänzend gegart.

Brustfilet punktet mit magerem, zartem Fleisch. Ideal zum Kurzbraten, im Ganzen oder geschnetzelt.

KLEINE GEFLÜGELKUNDE

Geflügelfleisch ist leicht und zart und lässt sich auf vielfältige Art schnell zubereiten. Das gilt besonders für die zahlreich angebotenen ganzen Tiere (Hähnchen, Pute oder Ente) und Geflügelteile (Brust, Filet, Flügel, Keulen und Schnitzel).

Frisches Geflügel stammt meist aus Zuchtbetrieben. Qualitativ höherwertig, aber auch teurer ist Bio-Geflügel aus ökologischer Freilandhaltung. Es wird länger gemästet und besitzt dadurch besonders aromatisches Fleisch. Geflügel sollte möglichst schnell zubereitet werden und nicht länger als 2 Tage im Kühlschrank lagern. Bei verpackter Ware das Verfallsdatum beachten!

Hähnchen Sie können auch Hühnchen sein, sind dann 5–6 Wochen alt und wiegen 700 bis 1200 g. Mit mehr als 1200 g Gewicht gelten sie als Hähnchen, dürfen aber auch Poularde heißen. Als Brat- und Grillhähnchen, aber auch geschmort sind sie der Hit.

Suppenhühner nennt man etwa zwei Jahre alte Legehennen mit relativ fettem Fleisch. Durch langes Kochen ergibt sich daraus eine aromatische Geflügelbrühe, die vor der Weiterverwendung allerdings unbedingt entfettet werden sollte.

Hähnchenschenkel sind im Ganzen oder zerteilt in Ober- und Unterschenkel zu haben. Alle Teile können gebraten, geschmort oder gegrillt werden.

Hähnchenflügel sind preiswert und beliebt, egal ob mariniert und gegrillt, gebraten oder geschmort. Sie dienen neben Suppenhühnern auch als Basis für eine Brühe.

Hähnchenbrust gibt es als Teilstück vom Hähnchen mit Haut, Knochen und Filets. Das zarte Fleisch eignet sich ideal zum Schmoren oder Grillen.

Hähnchenbrustfilets liefern zartes, reines Muskelfleisch, das im Nu gar ist. Dabei werden zwei Filets aus einer Brust ausgelöst. Köstlich zum Schnetzeln, Kurzbraten, Pfannenrühren.

Putenbrustfilet ist das Beste vom Besten: helles, zartes, fettarmes Fleisch (1–2 %), das in Minutenschnelle gar ist.

Putenschnitzel aus der Brust, saftig und dünn, lassen sich kurz braten oder als gefüllte Röllchen schmoren.

Die **Hausente** hat ziemlich viel Fett unter der Haut – dadurch wird sie als Braten im Ganzen wunderbar knusprig.

Entenbrustfilets sind praktisch für die schnelle Küche – saftig und zartrosa gebraten, mit viel Aroma.

Salmonellen sind gefährliche Krankheitserreger, die auch in frischen Eiern, Hackfleisch oder Geflügel stecken können. Um sich vor ihnen zu schützen, sollten Sie bei der Vor- und Zubereitung penibel auf Sauberkeit achten: Rohes Geflügel nicht mit anderen Lebensmitteln in Berührung bringen. Nach der Zubereitung Küchengeschirr und Hände sofort gründlich reinigen. Geflügel immer gut durchbraten!

WAS IST WAS?

Pute oder Truthahn? Truthahn (Puter) heißt das männliche, Truthenne (Pute) das weibliche Tier aus der Familie der größten Hühnervögel; das einzige Geflügel, das zugleich helles und dunkles Fleisch besitzt. Man bekommt sie frisch oder tiefgekühlt, ganz oder zerteilt (Brust, Keule, Flügel).

Babyputen sind ganz junge Puten und Truthähne mit 2–3 kg Gewicht; junge Puten sind ca. 8 Wochen alt, wiegen 3–4 kg – beliebt als Braten im Ganzen.

Putenbrust gilt als das edelste Stück Fleisch. Hell, mager und sehr zart ähnelt es im Geschmack Kalbfleisch. Daraus lassen sich saftige Schnitzel zum Braten oder Dünsten schneiden, Geschnetzeltes zum Pfannenrühren oder Würfel zum Schmoren, z. B. für Gulasch und Ragout.

Ente Die Hausente, auch Pekingente genannt, ist die bei uns übliche Mastente. Sie wird als Frühmastente mit 1,5–2 kg Gewicht angeboten und vorzugsweise auf dem Rost gegrillt oder gebraten – so kann das üppig vorhandene Fett unter der Haut abtropfen. Flugenten oder Barbarie-Enten, eine gezüchtete Kreuzung aus Haus- und Wildente, wiegen etwa 2 kg. Sie haben sehr saftiges, dunkelrotes Fleisch, das magerer und schmackhafter ist als das der Hausenten.

Entenbrustfilets sind die ausgelösten Teile der Entenbrust, mit weißer Haut. Barbarie-Entenbrust gilt als Delikatesse: Weil Flugenten viel fliegen, ist ihr Brustfleisch sehr ausgeprägt und muskulös.

GEFLÜGEL ∗ 137

1. HÄHNCHEN VORBEREITEN UND IM OFEN BRATEN

1. 1 Hähnchen (küchenfertig, ca. 1,5 kg) von überschüssigem Fett befreien. Unter fließend kaltem Wasser waschen und trocken tupfen.

2. Den Bürzel, die Fettdrüse, keilförmig herausschneiden. Das Geflügel innen und außen mit Salz und Pfeffer würzen.

3. Nach Belieben Kräuter wie Salbei, Thymian, Rosmarin oder Lorbeer waschen, trocken schütteln und in die Bauchhöhle stecken.

2. ENTENBRUST BRATEN

1. 1 Entenbrustfilet (ca. 400 g) waschen, mit Küchenpapier trocken tupfen. Die weiße Haut bis zum Fleisch rautenförmig einschneiden.

2. Die Entenbrust auf beiden Seiten mit Salz und Pfeffer kräftig würzen, dabei am besten die Gewürze kräftig in das Fleisch einmassieren.

3. Eine Pfanne ohne Fett bei geringer bis mittlerer Hitze gut heiß werden lassen. Dazu eignet sich auch eine Eisenpfanne.

3. HÜHNERBRÜHE KOCHEN

1. 1 küchenfertiges Suppenhuhn (ca. 1,2 kg) innen und außen unter fließendem kaltem Wasser abspülen. In einen großen Topf geben.

2. 1 großes Bund Suppengrün (ca. 500 g) putzen, waschen und in grobe Stücke teilen. 2 Zwiebeln ungeschält vierteln.

3. Das grob zerkleinerte Gemüse und die Zwiebeln zu dem Huhn in den Topf geben und mit 2 1/2 l kaltem Wasser aufgießen.

4. Damit das Hähnchen in Form bleibt, die Keulen mit Küchengarn fest zusammenbinden. Das Garn vor dem Zerlegen entfernen.

5. In einem Bräter 2 EL Butterschmalz oder Pflanzenöl gut heiß werden lassen. Hähnchen darin in 10 Min. rundum braun anbraten.

6. In einer Reine im vorgeheizten Ofen bei 200° (Umluft 180°) 30 Min. braten. Wenden, 30 Min. braten und mit Bratensaft beträufeln.

4. Das Entenfilet mit der Hautseite nach unten in die heiße Pfanne legen und bei mittlerer Hitze etwa 15 Min. knusprig braten.

5. Das Fleisch mit einer Pfannengabel oder einem -wender umdrehen und noch 5 Min. bei mittlerer Hitze weiterbraten.

6. Entenfilet aus der Pfanne nehmen, in Alufolie wickeln und 5 Min. ruhen lassen. Dann schräg in dünne Scheiben schneiden.

4. 2 Lorbeerblätter, 1 TL Pfefferkörner und 1 EL Salz zum Suppengemüse und dem Huhn hinzufügen. Alles offen aufkochen lassen.

5. Sobald die Brühe kocht, Hitze reduzieren. Zugedeckt bei geringer Hitze 1 1/2 Std. leicht kochen lassen. Entstandenen Schaum abschöpfen.

6. Huhn aus dem Topf nehmen und abkühlen lassen. Brühe durch ein Sieb gießen, das mit einem Mulltuch oder Kaffeefilter ausgelegt ist.

GEFLÜGEL – GRUNDREZEPTE ★ 139

PUTENSCHNITZEL
MIT TOMATEN UND KAPERN

1. Die Schnitzel abbrausen, trocken tupfen und in einen Gefrierbeutel geben, mit einem schweren Topfboden flach klopfen. Das macht beim Einkauf auf Wunsch auch der Metzger. Auf beiden Seiten mit Salz und Pfeffer würzen und in Mehl wenden.

2. Die Tomaten waschen. Die Zwiebel abziehen, halbieren und in feine Streifen schneiden. Kapern in einem Sieb abtropfen lassen. Petersilie waschen, trocken schütteln, Blätter abzupfen und schneiden.

3. Das Öl in einer großen Pfanne erhitzen. Die Schnitzel darin von jeder Seite 3–4 Min. braten, herausnehmen und warm halten. Butter in der Pfanne schmelzen. Zwiebel dazugeben und unter Rühren 2 Min. dünsten. Die Tomaten hinzufügen und weitere 2 Min. garen. Kapern, Petersilie zufügen. Mit Essig und Brühe ablöschen, salzen und pfeffern. Fleisch zurück in die Pfanne geben, kurz erwärmen.

* **DAS SCHMECKT DAZU** Italienische Ciabatta oder französisches Stangenweißbrot

FÜR 2 PERSONEN
ZUBEREITUNG: 30 MIN.
PRO PORTION CA. 485 KCAL
42 g EW, 28 g F, 14 g KH

2 Putenschnitzel (à ca. 180 g)
Salz, schwarzer Pfeffer
1 1/2 EL Mehl
250 g Kirschtomaten
1 kleine weiße Zwiebel
1 EL Kapern
1/2 Bund Petersilie
1 EL Olivenöl
1 EL Butter
2 EL Aceto balsamico bianco (weißer Balsamessig)
6 EL Hühnerbrühe

140 * GEFLÜGEL

ENTENBRUST
MIT BIRNEN-GORGONZOLA-SAUCE

FÜR 2 PERSONEN
ZUBEREITUNG: 45 MIN.
PRO PORTION CA. 765 KCAL
45 g EW, 54 g F, 12 g KH

1 Entenbrustfilet mit Haut (ca. 400 g)
Salz, schwarzer Pfeffer
1 kleine reife Birne
4 EL trockener Weißwein

1/8 l Entenfond (Glas; ersatzweise Hühnerbrühe)
50 g Gorgonzola
75 g Sahne

1. Entenbrustfilet waschen und mit Küchenpapier trocken tupfen. Die weiße Haut rautenförmig bis zum Fleisch einschneiden. Entenbrust mit Salz und Pfeffer einreiben.

2. Eine Pfanne ohne Fett bei mittlerer Hitze heiß werden lassen. Entenbrust mit der Hautseite nach unten in die Pfanne legen und bei geringer Hitze in 15 Min. goldbraun braten. Dann wenden, weitere 5 Min. braten und herausnehmen. In Alufolie wickeln und 10 Min. ziehen lassen.

3. Inzwischen für die Sauce die Birne schälen, vierteln, entkernen und in kleine Würfel schneiden. Das Fett bis auf 1 EL aus der Pfanne gießen, Birnenstücke darin 2 Min. andünsten. Weißwein und Entenfond angießen, unter Rühren den Bratensatz loskochen, alles bei mittlerer Hitze 10 Min. dünsten. Gorgonzola zerbröckeln, unter Rühren schmelzen lassen.

4. Die Sahne dazugießen und die Sauce in 2–3 Min. cremig kochen. Mit Salz und Pfeffer würzen. Entenbrust aus der Folie wickeln. Den ausgetretenen Saft in die Sauce geben. Entenfilet schräg in Scheiben schneiden, Sauce darübergeben und servieren.

★ **DAS SCHMECKT DAZU** Rösti-Ecken oder Kroketten und Rosenkohlgemüse oder gedämpfter Brokkoli.

HÄHNCHEN-PICCATA MIT TOMATENSAUCE

FÜR 2 PERSONEN
ZUBEREITUNG: 35 MIN.
PRO PORTION CA. 500 KCAL
55 g EW, 19 g F, 17 g KH

- 2 Hähnchenbrustfilets (à 180–200 g)
- Salz, schwarzer Pfeffer
- 1 kleine Zwiebel
- 2 EL Olivenöl
- 1 kleine Knoblauchzehe
- 1 Dose gehackte Tomaten (400 g)
- 1 TL getrockneter Oregano
- 1 Ei
- 2 EL Milch
- 2 EL frisch geriebener Parmesan
- 3 EL Mehl

1. Die Hähnchenbrustfilets waschen, trocken tupfen und vorsichtig waagerecht halbieren, sodass 4 dünne Schnitzel entstehen. Salzen und pfeffern.

2. Die Zwiebel abziehen, fein würfeln und in 1 EL Öl glasig dünsten. Knoblauch abziehen und dazupressen. Tomaten dazugeben, aufkochen, mit Salz, Pfeffer und Oregano würzen. Bei geringer Hitze 10 Min. offen kochen lassen.

3. Das Ei mit Milch und Parmesan auf einem Teller verquirlen. Mehl auf einen zweiten Teller geben. Die Schnitzel erst in Mehl wenden, abklopfen, dann durch die Eiermasse ziehen.

4. Das übrige Öl in einer großen beschichteten Pfanne bei mittlerer Hitze erhitzen. Die Schnitzel darin auf jeder Seite 3–4 Min. goldbraun braten. Mit der Tomatensauce servieren.

SCHARFE PUTENPFANNE MIT SPROSSEN

FÜR 2 PERSONEN
ZUBEREITUNG: 35 MIN.
PRO PORTION CA. 235 KCAL
29 g EW, 7 g F, 10 g KH

- 1 Putenbrustfilet (ca. 200 g)
- 2–3 EL Sojasauce
- 1/2 TL Sambal oelek
- 6 EL Hühnerfond (Glas) oder -brühe
- 200 g Chinakohl
- 1 kleine rote Paprikaschote
- 50 g Shiitakepilze (ersatzweise Egerlinge)
- 125 g Mungobohnensprossen
- 1 Stück Ingwer (ca. 2 cm)
- 1 kleine Knoblauchzehe
- 1 EL Pflanzenöl
- 1/2 TL Speisestärke
- Salz, schwarzer Pfeffer

1. Das Fleisch waschen, trocken tupfen und in Streifen schneiden. Sojasauce, Sambal oelek und Fond oder Brühe verrühren und das Fleisch darin 20 Min. marinieren.

2. Inzwischen den Chinakohl waschen, vom Strunk befreien und quer in ca. 1,5 cm breite Streifen schneiden. Die Paprikaschote waschen, vierteln, entkernen und in kleine Würfel schneiden. Die Pilze abreiben, den Stiel herausschneiden und entfernen. Sprossen abbrausen und gut abtropfen lassen. Ingwer schälen, Knoblauch abziehen und beides fein hacken.

3. Das Fleisch abtropfen lassen, Marinade auffangen. In einem Wok oder einer schweren Pfanne das Öl stark erhitzen. Das Fleisch unter Rühren 2–3 Min. scharf anbraten, dann herausnehmen. Ingwer und Knoblauch 1–2 Min. anbraten. Kohl und Paprika hineingeben, 3 Min. pfannenrühren. Pilze und Sprossen hinzufügen, 1 Min. unter Rühren braten.

4. Die Marinade mit der Speisestärke verrühren, dazugießen und aufkochen lassen. Fleisch einrühren, mit Salz und Pfeffer abschmecken.

* DAS SCHMECKT DAZU Weißer Patnareis

CHICKEN WINGS
SÜSS-SAUER

1. Die Hähnchenflügel abbrausen und trocken tupfen. Den Backofen auf 220° vorheizen.

2. Für die Marinade Ketchup mit Essig, Limettensaft, Honig und Zucker verrühren. Die Knoblauchzehe abziehen und dazupressen, die Marinade mit Salz, Pfeffer, Paprikapulver, Worcestersauce und Tabasco abschmecken.

3. Die Hälfte der Marinade in eine große ofenfeste Form geben und die Hähnchenflügel darin wenden. Im Backofen (Umluft nicht empfehlenswert) auf der untersten Schiene 15 Min. backen.

4. Dann die Hähnchenflügel wenden und mit der übrigen Marinade bestreichen. Die Ofentemperatur auf 250° erhöhen und die Keulen weitere 15 Min. backen, bis sie glasiert sind.

* **DAS SCHMECKT DAZU** Asiatischer Weißkohlsalat (Seite 111)

FÜR 2 PERSONEN
ZUBEREITUNG: 20 MIN.
BRATZEIT IM OFEN: 30 MIN.
PRO PORTION CA. 320 KCAL
23 g EW, 20 g F, 12 g KH

10 Hähnchenflügel (ca. 600 g)
2 EL Tomatenketchup
1 EL Essig
Saft von 1 Limette
1 EL flüssiger Honig
2 TL brauner Zucker

1 Knoblauchzehe
Salz, schwarzer Pfeffer
1/2 TL edelsüßes Paprikapulver
2–3 Spritzer Worcestersauce
2–3 Spritzer Tabasco

144 * GEFLÜGEL

PAPRIKAKEULEN AUS DEM OFEN

FÜR 2 PERSONEN
ZUBEREITUNG: 30 MIN.
BRATZEIT: 40–45 MIN.
PRO PORTION CA. 515 KCAL
42 g EW, 34 g F, 11 g KH

2 Hähnchenkeulen
 (à ca. 250 g)
2 EL Olivenöl
1 TL edelsüßes Paprikapulver
1/2 TL rosenscharfes
 Paprikapulver
1 TL getrocknete italienische
 Kräuter

Salz, schwarzer Pfeffer
2–3 Knoblauchzehen
1 rote Paprikaschote
1 Stange Lauch
2 kleine weiße Zwiebeln
6 EL Hühnerbrühe

1. Die Hähnchenkeulen waschen und mit Küchenpapier trocken tupfen. Das Öl mit beiden Paprikasorten, italienischen Kräutern, Salz und Pfeffer gründlich verrühren. 1 Knoblauchzehe abziehen und dazupressen. Hähnchenkeulen rundherum mit der Marinade einstreichen.

2. Den Backofen auf 200° vorheizen. Die Paprikaschote halbieren, Kerne und Trennwände entfernen. Die Hälften waschen und in Stücke schneiden. Den Lauch putzen, gründlich abbrausen und schräg in 2–3 cm große Stücke teilen. Die Zwiebeln abziehen und in Spalten schneiden. Die übrigen Knoblauchzehen abziehen und mit einem scharfen Messer in Scheiben schneiden.

3. Die Paprika-, Lauch- und Zwiebelstücke sowie die Knoblauchscheiben in einer flachen Auflaufform verteilen. Die Keulen darauf setzen. Im vorgeheizten Ofen bei 200° (2. Schiene von unten) 40–45 Min. backen (Umluft nicht empfehlenswert). Nach 20 Min. die Brühe dazugießen.

★ DAS SCHMECKT DAZU Frische Ciabatta oder ein anderes italienisches Landbrot

★ KNUSPER-TIPP Wer einen Backofen mit Grillfunktion hat, kann die Hähnchenkeulen zum Schluss noch 5 Min. bei starker Hitze übergrillen, bis die Haut knusprig ist.

GEBRATENE THYMIANENTE

1. Den Backofen auf 220° vorheizen. Die Ente innen und außen unter fließend kaltem Wasser waschen. Mit Küchenpapier abtrocknen und rundum mit Salz und Pfeffer einreiben. Thymian abbrausen und trocken schütteln. Äpfel gut waschen, ungeschält vierteln, entkernen und mit dem Thymian in die Bauchhöhle stecken. Die Öffnung quer mit Holzstäbchen zustecken, dann mit Küchengarn verknoten – wie einen Schnürschuh.

2. Das Suppengrün waschen, putzen und grob zerteilen. Zwiebeln abziehen und würfeln. Gemüse und Zwiebeln in der Saftpfanne des Backofens mischen. Ente auf den Rost (Mitte) legen, die Saftpfanne darunterschieben und im vorgeheizten Backofen bei 220° (Umluft nicht empfehlenswert) 15 Min. braten.

3. Fond oder Brühe aufkochen, in die Saftpfanne gießen und die Ente bei 200° (Umluft nicht empfehlenswert) 75 Min. weiterbraten. 20 Min. vor Ende der Garzeit das Gelee und 1/4 TL Salz in einem kleinen Topf erhitzen, Ente während der letzten 15 Min. damit bestreichen. Im ausgeschalteten Ofen ruhen lassen.

4. Die Saftpfanne aus dem Ofen nehmen, 1/4 l heißes Wasser dazugießen und den Bratensatz mit einem Pinsel lösen. Durch ein Sieb in einen Topf gießen und entfetten – dazu mit einem Löffel das Fett abschöpfen oder ein Entfettungskännchen verwenden. Sauce aufkochen, Saucenbinder einrühren und binden. Mit Salz und Pfeffer würzen und nach Belieben mit der Sahne verrühren.

5. Die Ente tranchieren: erst die Keulen, dann die Flügel abtrennen. Die Brustfilets vom Knochen ablösen und schräg in Scheiben schneiden. Brustkorb rundherum einschneiden und abheben, um an die Füllung zu gelangen.

★ DAS SCHMECKT DAZU Kartoffelklöße (Grundrezept Seite 13) und geschmorter Rotkohl

---

FÜR 4 PERSONEN
ZUBEREITUNG: 30 MIN.
BRATZEIT: 90 MIN.
PRO PORTION CA. 750 KCAL
47 g EW, 48 g F, 20 g KH

1 küchenfertig vorbereitete Ente (ca. 1,6 kg)
Salz, schwarzer Pfeffer
1 Bund Thymian
2 säuerliche Äpfel (z. B. Boskop)
1 Bund Suppengrün
2 Zwiebeln
400 ml Hühnerfond (Glas) oder -brühe
2 EL Apfel- oder Quittengelee
1–2 EL dunkler Saucenbinder
6 EL Sahne (nach Belieben)

GEFLÜGEL ★ 147

GRÜNES HÜHNER-FRIKASSEE

1. Das Fleisch in 2 cm große Stücke schneiden. Den Spargel waschen und nur im unteren Drittel schälen, schräg in 4 cm lange Stücke schneiden. Erbsen antauen lassen. Schalotten abziehen und fein würfeln.

2. Die Brühe aufkochen, Spargelstücke darin 8 Min. kochen. Erbsen zum Schluss 2 Min. mitgaren. Gemüse in ein Sieb gießen, Brühe dabei auffangen.

3. Die Butter in einem Topf zerlassen, Schalotten darin andünsten. Mehl darüberstäuben und unter Rühren hellgelb anschwitzen. Brühe dazugießen, kräftig durchschlagen. Sauce zum Kochen bringen und 5 Min. bei geringer Hitze kochen lassen.

4. Kerbel waschen, trocken schütteln, verlesen und fein schneiden. Gemüse und Fleisch in die Sauce geben, Crème fraîche einrühren und kurz aufkochen lassen. Frikassee mit Zitronensaft, Salz und Pfeffer würzen. Kerbel unterziehen, 2–3 Min. ziehen lassen.

★ **DAS SCHMECKT DAZU** Weißer Langkornreis mit Wildreis (Wildreismischung)

FÜR 2 PERSONEN
ZUBEREITUNG: 40 MIN.
PRO PORTION CA. 375 KCAL
37 g EW, 16 g F, 19 g KH

- 200 g gegartes Hühnerfleisch (aus der Hühnerbrühe; Grundrezept Seite 139)
- 250 g grüner Spargel
- 150 g TK-Erbsen
- 2 Schalotten
- 300 ml Hühnerbrühe (Grundrezept Seite 139)
- 1 EL Butter
- 1 gehäufter EL Mehl
- 1 Handvoll Kerbel (ersatzweise Petersilie)
- 2 EL Crème fraîche
- 1–2 TL Zitronensaft
- Salz, schwarzer Pfeffer

COQ AU VIN

FÜR 4 PERSONEN
ZUBEREITUNG: 25 MIN.
SCHMORZEIT: 45 MIN.
PRO PORTION CA. 870 KCAL
65 g EW, 54 g F, 12 g KH

- 4 Hähnchenkeulen
- 2 Hähnchenbrüste (mit Knochen)
- 2 EL Pflanzenöl
- 1 EL Butter
- Salz, schwarzer Pfeffer
- 300 g Schalotten
- 4 Knoblauchzehen
- 300 g kleine Champignons
- 1 Möhre
- 80 g geräucherter Bauchspeck
- 1/2 l kräftiger Rotwein
- 1/2 Bund Petersilie
- 1 Lorbeerblatt
- 3 Thymianzweige
- 100 g Crème fraîche
- 1 EL Mehl

1. Hähnchenkeulen mit einem scharfen Messer in den Gelenken in Ober- und Unterkeule teilen. Alle Teile waschen und gut trocken tupfen. In einem breiten Bratentopf Öl und Butter erhitzen, Geflügelteile darin portionsweise in jeweils 10 Min. auf beiden Seiten goldbraun braten, dabei salzen und pfeffern. Geflügelteile herausnehmen.

2. Inzwischen Schalotten und Knoblauch abziehen. Die Champignons putzen und abreiben, nur größere Exemplare halbieren. Möhre schälen, schräg in Scheiben schneiden. Speck in feine Streifen schneiden.

3. Schalotten, Knoblauch, Möhren und Pilze in den Topf geben, langsam unter Wenden 3 Min. anrösten. Speck kurz mitbraten. Geflügelteile zurück in den Topf geben, Wein dazugießen. Petersilie abbrausen, 3 Stängel davon mit dem Lorbeerblatt und Thymian zusammenbinden, zufügen. Alles salzen und pfeffern.

4. Nicht ganz zugedeckt – einen Schlitz zwischen Deckel und Topf lassen, damit Flüssigkeit verdampfen kann – bei mittlerer Hitze 45 Min. schmoren. Etwa 15 Min. vor Ende der Garzeit die Crème fraîche mit dem Mehl verquirlen und in die Sauce rühren. Übrige Petersilie abbrausen, abzupfen, fein schneiden und darüberstreuen.

FISCH
& MUSCHELN

CRASHKURS FISCH

Regenbogenforelle Unser liebster Zuchtfisch aus dem Süßwasser. Schmeckt im Ganzen zubereitet am besten.

Lachs Sein schmackhaftes Fleisch ist fetthaltiger als bei der Lachsforelle. Gibt es als Filet, Steak und geräuchert.

Rotbarsch gehört zu den Top Ten der Fischfilets, weil er recht günstig und wunderbar zum Braten geeignet ist.

Pangasius Zuchtfisch aus Südvietnam. Der Newcomer überzeugt mit weißem, schmackhaftem Fleisch.

KLEINE BASIC-FISCHKUNDE

Frisch oder tiefgekühlt, filetiert, in Stücken oder im Ganzen: beim Händler und in den meisten Supermärkten gibt es Fisch für jeden Bedarf. Doch welches ist nun der richtige Fisch, und was kann man damit anstellen?

Die **Dorade oder Meerbrasse** hat inzwischen ihren Weg in die Aquakulturen im Meer geschafft. Sie ist ein idealer Portionsfisch mit festem, grätenarmem Fleisch. Lässt sich ausgezeichnet braten und grillen und im Ofen zubereiten.

Die **Forelle** Spitzenreiter unter den Zuchtforellen ist die Regenbogenforelle mit festem, fein-würzigem Fleisch. Die Lachsforelle ist eine große Regenbogenforelle, die durch spezielles Futter ihr rosa Fleisch bekommt. Forellen sind echte Allroundtalente – gut zum Braten, Grillen, Pochieren, Dämpfen und im Ofen, z. B. in Folie.

Der **Kabeljau** ist in den Meeren rar geworden und an der Fischtheke teuer. Sein helles, delikates Fleisch mit »blättriger« Struktur wird meistens filetiert oder zu Koteletts geschnitten. Ideal zum Dünsten, Pochieren oder Garen im Ofen.

Der **Lachs** kommt vor allem als Zuchtlachs in den Laden. Sein rotes, muskulöses Fleisch finden wir als Filets mit oder ohne Haut in der Kühltheke, als Koteletts und geräuchert oder gebeizt und dünn aufgeschnitten. Klasse zum Braten, Grillen, im Backofen, in Ragouts, Suppen.

Der **Rotbarsch,** einer der beliebtesten seiner Art, hat feste, hellrosa Filets und gehört paniert zu den absoluten Klassikern. Es lässt sich auch pur braten oder dünsten.

Die **Scholle** ist unser liebster Plattfisch – saftig, zart und fettarm. Schmeckt als Maischolle im Ganzen gebraten am besten. Ihre feinen Filets sind nur leicht gewürzt und sanft gedünstet eine Delikatesse.

Der **Seelachs** liefert ein festes, aromatisches Fleisch, oft mit einem leicht grauen Schimmer. Sein Filet ist preiswert und gut zum Braten, für Ragouts und zum Überbacken geeignet.

Der **Zander** Das zarte, fein aromatische Fleisch des Süßwasserfischs, der oft aus Zuchtfarmen stammt, finden wir häufig filetiert im Angebot. Er schmeckt gebraten, gedünstet oder gedämpft.

1. FISCHFILET BRATEN

1. 2 Fischfilets, z. B. Rotbarsch (à 180–200 g) kalt abbrausen und gut trocken tupfen. Salzen und in 1 1/2 EL Mehl wenden.

2. Überschüssiges Mehl gut abschütteln, damit nicht zu viel daran hängen bleibt – der Fisch soll nur dünn mehliert sein.

3. In einer Pfanne 1 EL Öl kräftig erhitzen. Filets darin auf beiden Seiten 5–6 Min. braten. Nach der Hälfte der Bratzeit 1 EL Butter zufügen.

2. FISCHFILET PANIEREN UND BRATEN

1. 2 Fischfilets, z. B. Seelachs (à 150–170 g) kalt abbrausen, trocken tupfen, salzen und pfeffern. In 1 1/2 EL Mehl wenden.

2. Die mehlierten Fischfilets durch 1 verquirltes Ei ziehen, in 3 EL Semmelbröseln wälzen. Die Panierung leicht andrücken.

3. In einer Pfanne 2 EL Öl oder Butterschmalz stark erhitzen, Fischfilets darin auf beiden Seiten in 6–8 Min. goldbraun braten.

3. FISCH IM OFEN BRATEN

1. Die Fische, z. B. Meerbrassen (à 350–400 g) auf beiden Seiten je 2- bis 3-mal 1/2–1 cm tief einschneiden. Salzen, pfeffern.

2. Je 2–3 Kräuterzweige in die Bauchhöhle stecken. Backblech mit Öl bepinseln, Fische darauflegen. Oberseiten mit 3 EL Öl bestreichen.

3. Fische im vorgeheizten Backofen bei 220° (Umluft 5 Min. weniger bei 200°) auf der 2. Schiene von unten 18–20 Min. knusprig braten.

FISCH & MUSCHELN – GRUNDREZEPTE ★ 153

4. FISCHFILET DÜNSTEN

1. 1 Schalotte pellen, fein würfeln, in 1 EL zerlassener Butter andünsten. 1/8 l Flüssigkeit, z. B. Fischfond und/oder Wein dazugießen.

2. Flüssigkeit aufkochen. 2 Filets – hier Pangasius (à 180–200 g) – abspülen, trocken tupfen, leicht salzen und in die Flüssigkeit einlegen.

3. Den Deckel auflegen und die Fischfilets bei geringer Hitze in 10–12 Min. gar ziehen lassen – nicht kochen, sonst zerfallen sie!

5. FISCH DÄMPFEN

1. Etwa 2–3 cm hoch Wasser, nach Belieben mit Wein, Gemüse, Kräutern und Gewürzen angereichert, in einen Topf gießen und erhitzen.

2. 2 Fische – hier Forellen (à 350 g) – bzw. Fischfilets oder -koteletts leicht salzen und pfeffern. Auf einen Sieb- oder Dämpfeinsatz legen.

3. Einsatz in den Topf stellen, zugedeckt aufkochen. Ganze Fische 15–20 Min., Fischfilets und -koteletts 5–6 Min. dämpfen.

6. FISCH POCHIEREN

1. In einem Topf 1 1/2 l Wasser mit dem Saft von 1 Zitrone aufkochen, 1 TL Salz zufügen. Wein, Gemüse, Gewürze oder Kräuter dazugeben.

2. Den Topf vom Herd nehmen. 2 Fischkoteletts – hier Scheiben vom Schellfisch (à 250–300 g) – in das kochend heiße Wasser legen.

3. Den Topf auf den Herd stellen und den Fisch bei geringer Hitze in 10–15 Min. gar ziehen lassen. Mit einer Schaumkelle herausheben.

7. FISCH IN ALUFOLIE

1. Vorbereiteten Fisch waschen, trocken tupfen, mit 2 EL Zitronensaft, Salz und Pfeffer würzen. Ofen auf 200° (Umluft 180°) vorheizen.

2. Ein großes Stück Alufolie auf der glänzenden Seite mit weicher Butter bepinseln. Fisch daraufgeben, mit 1 EL Butterflöckchen belegen.

3. Folie über dem Fisch zufalzen. Seiten fest zusammenrollen, Enden nach oben klappen. Den Fisch auf dem Rost im Ofen 30 Min. garen.

8. FISCH IM BRATSCHLAUCH

1. Bratschlauch auf einer Seite verschließen. 500–600 g Kabeljau mit Gemüsewürfeln und 4–6 EL Wein oder Brühe hineingeben.

2. Den Bratschlauch auf der anderen Seite gut verschließen. Mit einem Messer einige Male einstechen, damit der Dampf entweichen kann.

3. Das Fischpaket auf den kalten Rost legen. Im vorgeheizten Ofen bei 200° (Umluft 180°) 30–35 Min. garen. Die Folie oben aufschneiden.

9. FISCH IM SALZTEIG

1. 2 1/2 kg grobes Meersalz mit 2 Eiweißen und 200 ml kaltem Wasser gut mischen. Hälfte der Masse auf ein Backblech streichen.

2. Den Fisch – hier eine vorbereitete Lachsforelle (ca. 1,2 kg) – daraufgeben und mit der übrigen Salzmasse 2 cm hoch einhüllen.

3. Im vorgeheizten Ofen (Mitte) bei 250° (Umluft 220°) 30 Min. backen. Vor dem Servieren die Salzkruste mit einem Hammer aufbrechen.

FISCH & MUSCHELN – GRUNDREZEPTE

CRASHKURS MUSCHELN

Nordsee-Miesmuscheln werden in nördlichen Regionen gezüchtet. Klassisch und immer wieder gut: im Sud gegart.

Mittelmeer-Miesmuscheln sind größer und breitschaliger als Nordsee-Muscheln. Vom Aroma her gibt es keinen Unterschied.

Venusmuscheln wachsen weltweit, vor allem im Mittelmeer; sie sind bei uns durch den Klassiker »Spaghetti vongole« bekannt.

Jakobsmuscheln sind wegen ihres äußerst delikaten, weiß-orangefarbenen Inneren bei Feinschmeckern eine hoch geschätzte Delikatesse.

KLEINE MUSCHELKUNDE

Muscheln nur in Monaten mit »r« zu essen, also von September bis April, war früher eine feste Regel. Mit gutem Grund: die empfindlichen Muscheln verdarben in der heißen Jahreszeit schneller auf dem Transport. Heute ist das anders: Eine geschlossene Kühlkette vom Meer bis in die Fischtheke und streng kontrollierte Fanggebiete garantieren, dass man auch in den kritischen Monaten Mai bis August, in denen es zu verstärkter Algenbildung kommt, unbedenklich frische Muscheln genießen kann – soweit man sie bekommt! Denn Muscheln sind ein Saisonprodukt. Da Muscheln in der warmen Jahreszeit laichen, ist ihr Fleisch in diesen Monaten weicher, weniger bissfest und aromatisch, das Angebot daher geringer.

Miesmuscheln sind ein erschwinglicher Leckerbissen aus dem Meer und überhaupt nicht mies – der Name kommt von dem Moos, das manchmal an der Schale wächst. Sie gehören unter den Schaltieren zu den preiswertesten und beliebtesten Meerestieren mit »großer Klappe«. Und das nicht nur, weil sie keine Gräten haben. Mit ihrem würzigen Meergeschmack sind sie besonders lecker, ihr Fleisch ist sehr schmackhaft und fest. Ideal im Sud, für Salate, Suppen und zum Überbacken geeignet.

Venusmuscheln sind kugeliger, kleiner und weniger ergiebig als Miesmuscheln. Sie liefern sehr zartes, saftiges Fleisch, das leicht nussig schmeckt, mit einem runden Aroma nach Meer. Ebenso wie Miesmuscheln zubereitet, serviert man sie zu Pasta und Reis, im Knoblauch-Weinsud, als Suppe, überbacken oder gedämpft.

Jakobsmuscheln aus der Familie der edlen Kammmuscheln kommen bei uns überwiegend ohne Schale in den Handel – mit Corail frisch in den Monaten mit »r« oder tiefgefroren das ganze Jahr über. Ihr zartes, festes, weißes Fleisch schmeckt nussig und leicht süßlich nach Meer. Es lässt sich pochieren, braten, gratinieren oder dünsten.

Ein Muschelrezept finden Sie auf Seite 37.

1. MIESMUSCHELN PUTZEN

1. Frische Muscheln prüfen: Nur geschlossene sind genießbar. Geöffnete, die sich nicht auf leichten Druck schließen, wegwerfen.

2. Die Muscheln etwa 20 Min. in kaltes Wasser legen. Dann unter fließendem kaltem Wasser einzeln sauber bürsten.

3. Den Bart, mit dem sich die Muscheln am Meeresboden festklammern, mit einem scharfen Messer sorgfältig entfernen.

2. MUSCHELN IM WEISSWEINSUD KOCHEN

1. 1 Zwiebel abziehen, 1 Bund Suppengrün putzen, beides in kleine Würfel schneiden. In 2 EL heißem Pflanzenöl 2–3 Min. dünsten.

2. Mit je 1/8 l trockenem Weißwein und Wasser auffüllen. Mit Salz und Pfeffer würzen, bei starker Hitze einmal aufkochen lassen.

3. 1 kg geputzte Miesmuscheln dazugeben. Zugedeckt 5–8 Min. bei mittlerer Hitze kochen lassen, bis sich die Muscheln öffnen.

3. MUSCHELN AUSLÖSEN

1. Muscheln nach dem Kochen abtropfen lassen und ein zweites Mal prüfen: Geschlossene Muscheln wegwerfen, sie sind ungenießbar!

2. Eine leere Muschelschale beim Essen wie eine Zange benutzen und das Muschelfleisch aus der anderen Schale zupfen.

3. Das Muschelfleisch aus den Schalen lösen (Schalen wegwerfen) und als Grundlage für einen Salat, Suppe oder Ragout verwenden.

FISCH & MUSCHELN – GRUNDTECHNIKEN

FORELLEN MIT ZITRONEN-KARTOFFELN

1. Forellen waschen und trocken tupfen. 2 EL Zitronensaft pressen. Fische innen und außen mit 1 EL Zitronensaft, Salz und Pfeffer würzen. Dann im Mehl wenden.

2. Die Kartoffeln waschen, abbürsten und in wenig Salzwasser in knapp 20 Min. garen. Ofen auf 100° (Umluft 80°) vorheizen. In einer großen Pfanne 1 EL Butter erhitzen. Die Forellen darin bei mittlerer Hitze von beiden Seiten 15 Min. braten, bis ihre Haut schön knusprig ist.

3. Inzwischen die ausgepresste Zitrone heiß waschen, abtrocknen und die Schale abreiben. Petersilie abbrausen, trocken schütteln, abzupfen und fein schneiden. Forellen herausnehmen, auf eine Platte legen, mit Bratbutter beträufeln und im Ofen warm stellen.

4. Kartoffeln abgießen und schälen. Die Pfanne auswischen und die übrige Butter darin aufschäumen lassen. 1 EL Zitronensaft und die Zitronenschale einrühren, Kartoffeln und Petersilie zufügen und 2–3 Min. in der Butter wenden. Zu den gebratenen Forellen servieren.

FÜR 2 PERSONEN
ZUBEREITUNG: 35 MIN.
PRO PORTION CA. 680 KCAL
51 g EW, 40 g F, 29 g KH

2 Forellen (à ca. 300 g)
1/2 Bio-Zitrone
Salz, schwarzer Pfeffer
1 EL Mehl

400 g kleine festkochende Kartoffeln
80 g Butter
4 Stängel Petersilie

FISCH & MUSCHELN

LACHSFILET MIT GURKENRAGOUT

FÜR 2 PERSONEN
ZUBEREITUNG: 40 MIN.
PRO PORTION CA. 710 KCAL
43 g EW 54 g F, 9 g KH

1 kleine Zwiebel
1 Salatgurke (ca. 350 g)
Salz
1 EL Butter
1 TL Mehl
6 EL Geflügel- oder Kalbsfond (Glas)

125 g Sahne
2 Scheiben Lachsfilet (mit Haut; ca. 350 g)
1 TL gelbe Senfkörner
schwarzer Pfeffer
1 EL Pflanzenöl
4 Zweige Dill

1. Zwiebel abziehen und klein würfeln. Gurke schälen, längs halbieren und die Kerne mit einem Teelöffel herausschaben. Die Gurkenhälften ca. 1,5 cm groß würfeln und anschließend leicht salzen.

2. In einem breiten Topf 1/2 EL Butter erhitzen, Zwiebel darin bei mittlerer Hitze glasig dünsten. Gurkenwürfel dazugeben, 1 Min. mitdünsten. Mit dem Mehl bestäuben, Fond dazugießen, kurz einkochen lassen. Sahne einrühren, Ragout bei mittlerer Hitze zugedeckt 5 Min. dünsten.

3. Lachs waschen, trocken tupfen, Hautseite mit einem scharfen Messer alle 1–2 cm einschneiden, damit das Fett austreten kann. Senfkörner mit einer Teigrolle zerstoßen. Lachsfilets auf beiden Seiten mit Salz, Pfeffer und Senfkörnern einreiben. Die übrige Butter und das Öl in einer beschichteten Pfanne stark erhitzen. Lachsfilets zuerst auf der Hautseite 2 Min. braten, dann die Hitze reduzieren und noch 8 Min. bei mittlerer Hitze weiterbraten.

4. Gurkenragout salzen und pfeffern. Dill waschen, trocken schütteln, Spitzen abzupfen, bis auf ein paar Zweiglein grob schneiden und unter das Ragout mischen. Gemüse und Fisch anrichten. Mit dem übrigen Dill garnieren.

★ **DAS SCHMECKT DAZU** Salzkartoffeln oder Reis

FISCHSTÄBCHEN MIT APFEL-SELLERIE-DIP

FÜR 2 PERSONEN
ZUBEREITUNG: 30 MIN.
PRO PORTION CA. 545 KCAL
30 g EW 38 g F, 22 g KH

- 2 EL Mayonnaise
- 100 g Naturjoghurt
- 1–2 EL Zitronensaft
- 1/2 kleiner säuerlicher Apfel
- 1 kleine Frühlingszwiebel
- 1 zarte Stange Staudensellerie
- Salz, schwarzer Pfeffer
- 250 g Seelachsfilet
- 2 EL Mehl
- 1 Ei
- 3 EL Semmelbrösel
- 2 EL geriebene Mandeln
- 3 EL Pflanzenöl
- 1/2 Zitrone

1. Für den Dip die Mayonnaise mit Joghurt und Zitronensaft verrühren. Die Apfelhälfte gut waschen, halbieren und entkernen. Frühlingszwiebel und Sellerie waschen und putzen. Die drei Zutaten klein würfeln und unter die Mayonnaise rühren, salzen und pfeffern.

2. Fisch kalt abspülen, trocken tupfen und in 2 x 5 cm große Stücke schneiden. Mit Salz und Pfeffer würzen. Fischstreifen erst in Mehl, dann in verquirltem Ei mit 2 EL Wasser und zuletzt in einer Mischung aus Semmelbröseln und Mandeln wenden. Panade etwas andrücken.

3. Öl in einer großen Pfanne erhitzen, Fischstäbchen darin von beiden Seiten in 4 Min. goldgelb braten. Mit dem Dip servieren. Die halbe Zitrone in Schnitze teilen und dazuservieren.

* AUSTAUSCH-TIPP Statt Mandeln können Sie gehackte Erdnüsse verwenden.

ROTBARSCH IN COUSCOUSKRUSTE

FÜR 2 PERSONEN
ZUBEREITUNG: 30 MIN.
PRO PORTION CA. 545 KCAL
33 g EW, 29 g F, 42 g KH

Salz
70 g Couscous
1/2 Bund Petersilie
2 Rotbarschfilets (à ca. 120 g)
schwarzer Pfeffer

1/2 TL rosenscharfes
  Paprikapulver
3 EL Mehl
1 Ei
4 EL Olivenöl
400 g kleine Strauchtomaten

1. In einem kleinen Topf 1/8 l Wasser mit 1/4 TL Salz aufkochen, Couscous einstreuen und auf der abgeschalteten Herdplatte zugedeckt 5 Min. quellen lassen. Petersilie waschen, trocken schütteln, Blätter abzupfen und fein schneiden. Couscous mit einer Gabel auflockern und die Hälfte der Petersilie untermischen.

2. Die Fischfilets unter fließend kaltem Wasser abspülen und mit Küchenpapier trocken tupfen. Auf beiden Seiten mit Salz, Pfeffer und Paprika würzen.

3. Für die Panade Mehl, verquirltes Ei und Couscous jeweils auf einen Teller geben. Fisch erst im Mehl, dann in dem Ei und schließlich in der Couscousmasse wenden und die Panade ringsum gut andrücken. In einer Pfanne 3 EL Öl erhitzen. Fisch darin bei mittlerer Hitze auf jeder Seite 3–4 Min. knusprig braten. Herausnehmen und auf Küchenpapier kurz abtropfen lassen.

4. Inzwischen die Tomaten waschen und vierteln. Das übrige Öl erhitzen, Tomaten darin bei sehr geringer Hitze 3–4 Min. erwärmen. Mit Salz und Pfeffer würzen, übrige Petersilie daraufstreuen. Zum Couscousfisch servieren.

* **DAS SCHMECKT DAZU** Weißbrot oder Oliven-Ciabatta

SCHOLLENRÖLLCHEN AUF FENCHELGEMÜSE

FÜR 2 PERSONEN
ZUBEREITUNG: 45 MIN.
PRO PORTION CA. 360 KCAL
31 g EW, 22 g F, 7 g KH

125 g Möhren
1 zarte Fenchelknolle
 (ca. 250 g)
1 1/2 EL Butter
Salz, schwarzer Pfeffer
6 EL Gemüsebrühe

75 g Sahne
4 Schollenfilets (à ca. 80 g)
1 EL grüne Tapenade
 (grüne Olivenpaste)
1 TL Zitronensaft
Cayennepfeffer

1. Möhren putzen, schälen und in feine Stifte schneiden. Fenchel putzen, waschen, vierteln und ohne Strunk in feine Streifen schneiden. Backofen auf 200° (Umluft 180°) vorheizen. In einem Topf 1 EL Butter zerlassen, Möhren und Fenchel darin 2–3 Min. andünsten.

2. Salzen und pfeffern. Brühe und Sahne dazugießen, alles zugedeckt 5 Min. dünsten. Die Filets kalt abspülen, trocken tupfen, salzen, pfeffern. Mit Tapenade bestreichen, aufrollen.

3. Das Möhren-Fenchel-Gemüse mit Zitronensaft und Cayennepfeffer würzen. In eine flache Auflaufform geben, die Röllchen daraufsetzen und mit der übrigen Butter in Flöckchen belegen. Die Form auf den Rost in den Ofen (2. Schiene von unten) stellen und 15 Min. garen.

FISCH & MUSCHELN

FISCH MIT SPINAT UND SENFSAUCE

FÜR 2 PERSONEN
ZUBEREITUNG: 30 MIN.
PRO PORTION CA. 500 KCAL
39 g EW 29 g F, 9 g KH

- 1 kleine Zwiebel
- 1 1/2 EL Butter
- 300 g TK-Blattspinat
- 2 Fischfilets (z. B. Rotbarschfilets, à ca. 180 g)
- Salz, schwarzer Pfeffer
- 1 Schalotte
- 6 EL trockener Weißwein
- 1/8 l Fisch- oder Hühnerfond (Glas)
- 100 g Sahne
- 1 EL mittelscharfer Senf
- frisch geriebene Muskatnuss

1. Die Zwiebel abziehen, würfeln und in 1/2 EL Butter glasig dünsten. Den gefrorenen Spinat und 75 ml Wasser dazugeben und bei geringer Hitze 15 Min. dünsten.

2. Die Fischfilets abbrausen, trocken tupfen, salzen und pfeffern. Schalotte abziehen und fein würfeln. In einer Pfanne die übrige Butter erhitzen, Schalotte darin glasig dünsten. Wein und 6 EL Fond dazugießen, aufkochen und 3–4 Min. einkochen lassen. Die Fischfilets in die Pfanne legen, zugedeckt in 5–6 Min. gar ziehen lassen.

3. Die Fischfilets mit einer Schaumkelle herausheben, abtropfen lassen und auf einer Platte anrichten, im Backofen bei 80° (Umluft 60°) warm stellen. Fischsud durch ein Sieb in eine kleine Schüssel gießen, zurück in die Pfanne geben, übrigen Fond und die Sahne dazugeben und die Sauce bei mittlerer Hitze offen in 5 Min. cremig einkochen lassen. Den Senf einrühren und die Sauce mit Salz und Pfeffer abschmecken.

4. Den Spinat mit Salz, Pfeffer und Muskat abschmecken. Mit den Fischfilets auf Tellern anrichten und der Senfsauce überziehen.

★ DAS SCHMECKT DAZU Salzkartoffeln

VIKTORIABARSCH IM BRATSCHLAUCH

1. Den Backofen auf 200° (Umluft 180°) vorheizen. Die Fischfilets abbrausen, trocken tupfen, mit Salz und Pfeffer würzen. Frühlingszwiebeln waschen, putzen, das Weiße und Hellgrüne in 3 cm lange Stücke schneiden. Von den Paprikaschoten Trennwände und Kerne entfernen, waschen und die Hälften entkernen in feine Streifen schneiden. Möhren putzen, schälen und schräg in dünne Scheiben schneiden. Ingwer schälen, Knoblauch abziehen und beides fein würfeln.

2. Sojasauce mit Honig, Knoblauch und Ingwer verrühren. Den Bratschlauch an einer Seite zubinden. Das Gemüse mischen, leicht salzen und pfeffern, im Bratschlauch verteilen. Fischfilets darauflegen und mit der Marinade beträufeln. Den Bratschlauch nach Packungsangabe verschließen und einstechen. Auf den Rost legen, Fisch im Ofen (Mitte) 25–30 Min. dünsten.

3. Petersilie abbrausen, trocken schütteln und grob schneiden. Den Fisch aus dem Ofen nehmen. Die Folie vorsichtig öffnen. Petersilie auf dem Fisch verteilen.

★ DAS SCHMECKT DAZU Weißer Patnareis

FÜR 2 PERSONEN
ZUBEREITUNG: 15 MIN.
DÜNSTZEIT IM OFEN: 25–30 MIN.
PRO PORTION CA. 225 KCAL
39 g EW 2 g F, 10 g KH

- 2 Viktoriabarsch- oder Tilapiafilets (à ca. 180 g)
- Salz, schwarzer Pfeffer
- 3 Frühlingszwiebeln
- je 1/2 rote und gelbe Paprikaschote
- 150 g Möhren
- 1 Stück Ingwer (ca. 1 cm)
- 1 Knoblauchzehe
- 3 EL Sojasauce
- 1–2 TL flüssiger Honig
- 4 Stängel Petersilie
- 1 Folienbratschlauch (ca. 60 cm lang)

FISCH & MUSCHELN

FISCH-GEMÜSE-PFANNE

FÜR 2 PERSONEN
ZUBEREITUNG: 30 MIN.
PRO PORTION CA. 410 KCAL
36 g EW, 16 g F, 31 g KH

- 200 g kleine, feste Champignons
- 125 g Zuckerschoten
- 2 Frühlingszwiebeln
- 75 g Maiskörner (aus der Dose)
- 1 kleine Knoblauchzehe
- 1 EL Pflanzenöl
- Salz, schwarzer Pfeffer
- 150 ml Gemüsebrühe
- 2 EL Crème fraîche
- 300 g Fischfilet (z. B. Rotbarsch, Heilbutt)
- 2–3 EL Zitronensaft
- 2 TL heller Saucenbinder
- 100 g Kirschtomaten

1. Die Pilze abreiben, putzen und halbieren. Die Zuckerschoten waschen und putzen. Größere schräg halbieren. Die Frühlingszwiebeln waschen, putzen und in feine Ringe schneiden, etwas Zwiebelgrün beiseitelegen. Den Mais abtropfen lassen. Knoblauch abziehen.

2. Das Öl in einer Pfanne erhitzen. Die Pilze, Zuckerschoten und Frühlingszwiebeln darin unter Wenden 2–3 Min. anbraten. Den Knoblauch durch die Presse dazudrücken. Das Gemüse salzen und pfeffern. Brühe dazugießen. Die Crème fraîche und den Mais einrühren. Alles bei mittlerer Hitze ohne Deckel in 4–5 Min. einkochen lassen.

3. Inzwischen den Fisch abbrausen, trocken tupfen und in mundgerechte Stücke schneiden. Mit Salz, Pfeffer und Zitronensaft würzen.

4. Die Fischfilets auf das Gemüse legen, zugedeckt bei geringer Hitze 5 Min. dünsten. Saucenbinder einrühren. Kirschtomaten waschen, halbieren und in die Pfanne geben. Mit dem Frühlingszwiebelgrün bestreuen.

* **DAS SCHMECKT DAZU** Langkornreis mit Wildreis gemischt oder Pellkartoffeln

LACHSFORELLE IN ROSMARIN-SALZKRUSTE

1. Den Backofen auf 250° vorheizen. Die Forelle kalt abbrausen und abtrocknen. Innen mit Salz und Pfeffer würzen. Petersilie waschen und trocken schütteln. Die Orange heiß waschen und abtrocknen, die Schale fein abreiben und beiseitestellen. Orange in Scheiben schneiden. Die Hälfte der Petersilie und die Orangenscheiben in den Bauch des Fischs stecken.

2. Das Meersalz mit dem Eiweiß und mit 200 ml kaltem Wasser gründlich mischen. Rosmarin abbrausen, Nadeln abzupfen und unterheben. Die Hälfte der Masse auf einem Backblech verteilen. Den Fisch auf das Salzbett legen. Mit der übrigen Salzmasse bestreichen und den Fisch gut darin einhüllen. Im Backofen (Mitte, Umluft 220°) 30 Min. backen, dann noch 10 Min. bei halb geöffneter Backofentür ruhen lassen.

3. Inzwischen für den Dip den Rucola verlesen, dabei grobe Stiele entfernen. Rucola waschen, trocken schütteln und grob hacken. Knoblauch abziehen und würfeln. Übrige Petersilie abzupfen und grob schneiden. Rucola, Knoblauch, Petersilie, Mandeln, Essig und Öl im Mixer fein pürieren. Mit Salz, Pfeffer und der abgeriebenen Orangenschale abschmecken.

4. Die Salzkruste des Fischs mit einem Hammer aufschlagen, den Fisch filetieren und mit Zitronenspalten garnieren. Auf Tellern anrichten und mit dem Rucola-Dip servieren.

★ DAS SCHMECKT DAZU Weißbrot oder kleine Pellkartoffeln

FÜR 4 PERSONEN
ZUBEREITUNG: 45 MIN.
BACKZEIT: 30 MIN.
PRO PORTION CA. 470 KCAL
50 g EW, 28 g F, 5 g KH

1 große, frische Lachsforelle (ca. 1,2 kg)
  oder 2 kleinere Exemplare (à 600 g),
  küchenfertig vorbereitet
Salz, schwarzer Pfeffer
1 Bund Petersilie
1/2 Bio-Orange
2 1/2 kg Meersalz (mittelgrob)
2 Eiweiße
4 Zweige Rosmarin
100 g Rucola
2 Knoblauchzehen
50 g fein geriebene, gemahlene Mandeln
1 EL Weißweinessig
100 ml Olivenöl
1 Bio-Zitrone

FISCH & MUSCHELN ★ 167

FISCHFILET MIT CHINAKOHLGEMÜSE

FÜR 2 PERSONEN
ZUBEREITUNG: 25 MIN.
PRO PORTION CA. 425 KCAL
72 g EW, 12 g F, 7 g KH

1/2 kleiner Chinakohl
 (ca. 400 g)
4 Stück Fischfilet
 (z. B. Pangasius- oder
 Zanderfilet; à ca. 150 g)

Salz, schwarzer Pfeffer
125 g ungesüßte Kokos-
 milch (Dose)
Saft von 1/2 Limette

1 TL rote Currypaste
 (Asienregal)
2 TL Sojasauce
1/2 TL Zucker
Öl zum Einfetten

1. Den Chinakohl waschen, Strunk zurückschneiden und den Kohl längs in Spalten schneiden. Einen Dämpfkorb oder -einsatz mit Öl einfetten und das Gemüse darüberlegen. In einem passenden Topf 2–3 cm hoch Wasser zum Kochen bringen. Den Einsatz hineinstellen.

2. Fischfilets abbrausen, trocken tupfen, beidseitig salzen und pfeffern. Auf den Chinakohl in den Dämpfkorb legen. Zugedeckt alles 8–10 Min. dämpfen, dabei nach 5 Min. wenden.

3. Inzwischen in einem Topf Kokosmilch, Limettensaft, Currypaste, Sojasauce und Zucker verrühren. Bei mittlerer Hitze in 5 Min. einkochen lassen. Fischfilet und Gemüse auf Teller verteilen und mit der Sauce überziehen.

FISCHSUPPE NACH ITALIENISCHER ART

FÜR 2 PERSONEN
ZUBEREITUNG: 45 MIN.
PRO PORTION CA. 395 KCAL
47 g EW 11 g F, 14 g KH

4 rohe, geschälte Riesengarnelen (TK-Ware)
1 Zwiebel
1 Knoblauchzehe
1 dünne Stange Lauch
2 EL Olivenöl
1 Dose gehackte Tomaten (400 g Inhalt)

200 ml Fischfond (Glas)
1 TL frisch geschnittener oder 1/2 TL getrockneter Oregano
Salz, schwarzer Pfeffer
300 g Fischfilet (z. B. Kabeljau, Heilbutt, Scholle)
4 Stängel Petersilie
1 EL Zitronensaft

1. Die Garnelen auftauen lassen. Die Zwiebel und die Knoblauchzehe abziehen und fein würfeln. Den Lauch putzen, längs aufschneiden, gründlich waschen und in feine Halbringe schneiden.

2. Das Öl in einem Topf erhitzen, Zwiebelwürfel darin bei geringer Hitze braten, bis sie weich sind. Knoblauch und Lauch dazugeben und kurz anbraten. Die Tomaten hinzufügen und 2–3 Min. schmoren lassen. Fond und 6 EL Wasser dazugießen, Oregano in die Suppe geben. Alles aufkochen und zugedeckt 20 Min. bei mittlerer Hitze kochen lassen, mit Salz und Pfeffer würzen.

3. Inzwischen die Fischfilets kalt abbrausen, trocken tupfen und in mundgerechte Stücke schneiden. Die Garnelen waschen und trocken tupfen. Zusammen in die Suppe geben, 4–5 Min. ziehen lassen.

4. Die Petersilie abbrausen und trocken schütteln, die Blättchen abzupfen und fein schneiden. Die Suppe mit Salz, Pfeffer und Zitronensaft abschmecken. Petersilienblättchen darüberstreuen.

* **DAS SCHMECKT DAZU** Vollkornbrot mit Oliven

* **SERVIER-TIPP** Vor dem Servieren die Suppe mit 1–2 EL kalt gepresstem Olivenöl beträufeln.

MATJESFILETS NACH HAUSFRAUENART

1. Die Matjesfilets gut waschen, trocken tupfen, eventuell vorhandene Gräten entfernen, dann die Filets in ca. 2 cm große Stücke schneiden.

2. Die Zwiebel abziehen, halbieren und in feine Ringe schneiden. Apfel schälen, vierteln oder sechsteln, entkernen und in Scheibchen schneiden. Die Gurken in Scheiben teilen.

3. Für die Sauce die Sahne mit Joghurt, Essig oder Zitronensaft verrühren, mit Salz, Pfeffer und Zucker abschmecken. Zwiebel-, Apfel- und Gurkenscheiben untermischen. Matjes in die Sauce geben, 3–4 Std. oder besser über Nacht durchziehen lassen.

* **DAS SCHMECKT DAZU** Pell- oder Bratkartoffeln und grüne Bohnen

FÜR 2 PERSONEN
ZUBEREITUNG: 20 MIN.
MARINIERZEIT: 3–4 STD.
PRO PORTION CA. 475 KCAL
16 g EW, 39 g F, 17 g KH

- 4 Matjesfilets (ca. 150 g)
- 1 mittelgroße weiße Zwiebel
- 1 säuerlicher Apfel (z. B. Boskop)
- 2–3 Gewürzgurken (ca. 75 g)
- 125 g Sahne
- 100 g Naturjoghurt
- 1 EL Weißweinessig oder Zitronensaft
- Salz, schwarzer Pfeffer
- 1 Prise Zucker

FISCH & MUSCHELN

DORADEN AUF MEDITERRANEM GEMÜSE

FÜR 2 PERSONEN
ZUBEREITUNG: 30 MIN.
BACKZEIT: 40 MIN.
PRO PORTION CA. 420 KCAL
53 g EW, 21 g F, 7 g KH

- 1 kleine Aubergine (ca. 200 g)
- 1 kleiner Zucchino
- je 1 kleine gelbe und rote Paprikaschote
- 1 weiße Zwiebel
- Salz, schwarzer Pfeffer
- 1 Zweig Rosmarin
- 6 Zweige Thymian
- 4 EL Olivenöl
- 1 EL Zitronensaft
- 2 Doraden (à 350–400 g)
- 2 Knoblauchzehen

1. Backofen auf 220° vorheizen. Aubergine und Zucchino waschen und putzen. Die Aubergine längs halbieren. Beide in 1–2 cm dicke Scheiben schneiden. Paprikaschoten halbieren, Trennwände und Kerne entfernen. Die Hälften waschen und in 2–3 cm große Stücke schneiden. Die Zwiebel abziehen und in Spalten teilen.

2. Das Gemüse in einer flachen Auflaufform verteilen, mit Salz und Pfeffer würzen. Rosmarin und Thymian abbrausen und trocken schütteln. Rosmarin und die Hälfte des Thymians auf dem Gemüse verteilen. 3 EL Olivenöl und Zitronensaft verrühren und über das Gemüse träufeln. Im heißen Ofen (Umluft 200°; Mitte) 15 Min. backen.

3. Inzwischen die Doraden waschen, trocken tupfen und die Haut im Abstand von 2–3 cm auf beiden Seiten schräg einschneiden. Die Fische innen und außen salzen und pfeffern. Die Knoblauchzehen abziehen und in Scheiben schneiden, mit den übrigen Thymianzweigen in die Bauchhöhle stecken.

4. Die Doraden auf das Gemüse legen und mit dem restlichen Öl beträufeln. Bei 200° (Umluft 180°) 25 Min. (Umluft 20 Min.) backen.

* **DAS SCHMECKT DAZU** Knuspriges Weißbrot oder Bratkartoffeln (Grundrezept Seite 12).

FRÜCHTE

CRASHKURS FRÜCHTE

Boskop-Äpfel sind beliebte Winteräpfel mit kräftigem, fruchtig-säuerlichem Geschmack. Ideal zum Kochen.

Erdbeeren, rot, reif und saftig, verlocken im Sommer aus heimischer Ernte. Da heißt es: beherzt zugreifen!

Pflaumen haben weiches, süßes Fleisch, das sich leicht vom Stein löst. Sie verkochen schneller als Zwetschgen.

Mangos schmecken angenehm süß, wie ein vollreifer Pfirsich mit einem exotischen Touch. Ganzjährig erhältlich.

KLEINE OBSTKUNDE

Das Angebot ist grenzenlos: Heimische Früchte locken neben Exoten aus den Tropen und Subtropen das ganze Jahr hindurch. Doch welche Sorte schmeckt wirklich? Erste Bedingung: Obst sollte der Jahreszeit entsprechend ausgesucht sein – erntefrisch und aus regionalem Anbau schmeckt es am aromatischsten. Zweitens: Es muss schön aussehen, darf keine Druck- oder Faulstellen aufweisen.

Äpfel und Birnen werden ganzjährig in großer Vielfalt angeboten. Knackige Äpfel (Granny Smith, Pink Lady, Gala) eignen sich eher zum frischen Verzehr, feste und später mürbe Früchte (Boskop, Cox Orange, Elstar) zum Kochen, z. B. für Kompott. Weiche Äpfel (Jonagold, Jonathan, Golden Delicious) sind für Mus ideal. Die Birnen Forelle, Gute Luise und Williams Christ schmecken roh, aber auch als Dessert, Kompott.

Steinobst wie Aprikosen, Nektarinen, Pfirsiche, Kirschen, Pflaumen und Zwetschgen schmecken voll ausgereift in Kompotten, Obstsalaten und Saucen.

Beerenfrüchte wie Brombeeren, Erdbeeren, Heidelbeeren, Himbeeren, Johannisbeeren oder Stachelbeeren sind geschmacklich und optisch eine Augenweide: als Farbtupfer in Obstsalaten, als Fruchtpüree, auf Cremes und in Eiscremes.

Zitrusfrüchte gibt es in vielen Varietäten: Orangen (sehr süß), kleinere, dünnschalige Saftorangen (süß) zum Pressen von Orangensaft, Grapefruits (sauer, leicht bitter), kernlose Clementinen (saftig, süß-aromatisch), Zitronen (sauer) und kleinere, dünnschalige grüne Limetten (fein-säuerlich). Wird die Schale von Zitronen, Limetten und Orangen zum Würzen benötigt: Verwenden Sie unbehandelte Bio-Früchte!

Exotische Früchte Dazu gehören »alte Bekannte« wie Bananen, Kiwis, Ananas, auch Mangos, Papaya, Litschis, Kumquats und viele mehr. Sie machen sich gut in Desserts, Salaten und als Vorspeise. Noch unreif entwickeln sie bei Zimmertemperatur ihr volles Aroma.

Melonen verströmen reif einen fruchtig-aromatischen, süßen Duft. Beliebte Sorten: Charentais (orangefarbenes Fleisch, fein aromatisch), Galia (netzförmige Schale, grünliches, würzig-süßes Fleisch), Honigmelone (knallgelbe Schale, fruchtig, saftig, leichtes Honigaroma), Wassermelone (grüne Schale, rotes Fleisch, sehr saftig).

1. APFEL UND BIRNE SCHÄLEN UND KLEIN SCHNEIDEN

1. Apfel oder Birne vierteln, das Kerngehäuse herausschneiden, dann die Viertel dünn schälen und klein würfeln.

2. Oder Birne mit dem Sparschäler in Streifen vom Stiel zur Basis hin schälen. Halbieren, Stielansatz und Kerngehäuse herausschneiden.

3. Apfel- oder Birnenstücke sofort mit etwas Zitronensaft beträufeln oder bestreichen, damit sie nicht braun anlaufen und frisch aussehen.

2. APRIKOSEN UND PFIRSICHE HÄUTEN UND KLEIN SCHNEIDEN

1. Wasser aufkochen, Pfirsiche oder Aprikosen hineingeben. Nach 1 Min. das Obst herausheben und sofort mit eiskaltem Wasser abschrecken.

2. Obst herausnehmen und abtropfen lassen. An der Unterseite kreuzweise einritzen und die Haut mit einem Messer abziehen.

3. Früchte halbieren und Steine entfernen. Hälften in Spalten schneiden, 1- bis 2-mal waagrecht halbieren und dann in Würfel schneiden.

3. BEEREN WASCHEN UND PUTZEN

1. Erdbeeren unter einem dünnen Wasserstrahl kurz abbrausen, gut abtropfen lassen oder auf Küchenpapier trocken tupfen.

2. Mit einer Messerspitze unter die Kelchblätter fassen und sie mitsamt dem Stielansatz herausheben. Früchte zerschneiden.

3. Die Johannisbeeren nach dem Waschen mit Hilfe einer Gabel von den Stielen streifen. Himbeeren nur verlesen, nicht waschen.

FRÜCHTE – GRUNDTECHNIKEN * 175

4. MELONE VORBEREITEN

1. Die Melone längs oder quer halbieren. Die Kerne und das weiche Innere mit einem Löffel gründlich herausschaben.

2. Das übrige, gesäuberte Fruchtfleisch mit einem Melonen-Kugelausstecher in kleine, dekorative Kügelchen ausstechen.

3. Alternativ die Melonenhälften in Spalten schneiden. Fruchtfleisch von der Schale abtrennen und in Stücke oder Würfel schneiden.

5. RHABARBER PUTZEN UND KLEIN SCHNEIDEN

1. Die Blätter und die Stielenden von den Rhabarberstangen abschneiden. Rhabarberstangen kalt abbrausen und abtrocknen.

2. Schälen ist bei den meisten Sorten kaum mehr nötig. Nur die gröbsten Fasern vom Stielende her mit einem Messer abziehen.

3. Die Rhabarberstangen je nach Bedarf und Verwendungszweck in gleichmäßig dicke Stücke oder Scheiben schneiden.

6. ORANGE ABREIBEN, SCHÄLEN UND SCHNEIDEN

1. Die unbehandelte, gewaschene Orangen- oder Zitronenschale abreiben. Abrieb mit einer kleinen Flaschenbürste aus den Zacken lösen.

2. Beide Enden von der Orange abschneiden. Frucht von oben nach unten dick, mit der weißen Innenhaut abschälen. Saft auffangen.

3. Orange in Scheiben schneiden oder filetieren: Mit einem Messer zwischen die weißen Trennhäute fahren, die Segmente herauslösen.

7. ANANAS IN STÜCKE TEILEN

1. Den grünen Strunk abschneiden. Für Ringe: Ananas schälen, quer in ca. 1 cm dicke Scheiben schneiden und daraus den Strunk entfernen.

2. Für Spalten: Von der Ananasfrucht längs Spalten abschneiden. Von diesen den harten Mittelkern ebenfalls abschneiden.

3. Das Ananasfleisch von der Schale schneiden. Die Fruchtstücke mehrmals längs und quer in mundgerechte Würfel schneiden.

8. MANGO SCHÄLEN UND SCHNEIDEN

1. Mango rundum dünn schälen. An den flachen Seiten des Steins entlang »Backen« in einem Stück herunterschneiden.

2. Jetzt noch das am Stein hängende Fruchtfleisch abschneiden – übrig bleiben nur der sauber ausgelöste Stein und die Schale.

3. Die Seiten der Mango je nach Verwendung in Würfel, Spalten oder Scheiben schneiden und weiterverarbeiten.

9. KIWI SCHÄLEN UND SCHNEIDEN

1. Die reife Kiwi mit einem Messer oder Sparschäler möglichst dünn abschälen und den Fruchtansatz entfernen.

2. Die Frucht je nach Bedarf und Verwendungszweck quer zum Blütenansatz in Scheiben oder der Länge nach in Spalten schneiden.

3. Wer die Kiwi pur genießen will, kann sie auch einfach quer halbieren und als frisches »Vitamin-C-Ei« aus der Schale löffeln.

FRÜCHTE – GRUNDTECHNIKEN ★ 177

1. OBSTSALAT

1. 1 Zitrone auspressen und den Saft mit 2 EL feinem Zucker gründlich verquirlen, bis sich die Zuckerkristalle aufgelöst haben.

2. Je 1 Banane, Apfel und Birne schälen, putzen und in Stücke teilen. Das Obst sofort in dem Zitronen-Zucker-Saft wenden.

3. Je 150 g Weintrauben und Erdbeeren abbrausen, putzen, halbieren. 1 Orange schälen, filetieren. Obst mit dem Bananen-Mix mischen.

2. KOMPOTT

1. 500 g Aprikosen oder Pfirsiche in kochendes Wasser geben. Nach 1 Min. Obst herausheben, sofort in eiskaltem Wasser abschrecken.

2. Das Obst herausnehmen, abtropfen lassen und die Haut abziehen. Die Früchte halbieren, entsteinen und in Spalten schneiden.

3. Die Früchte mit 3 EL Zucker, 1 Stange Zimt und 1/4 l Wasser oder Weißwein aufkochen, bei mittlerer Hitze 2–3 Min. dünsten.

3. ROTE GRÜTZE

1. 500 g Beeren (Rote Johannisbeeren, Himbeeren und Erdbeeren) und Sauerkirschen putzen, Erdbeeren vierteln, Kirschen entsteinen.

2. 3/8 l Kirschsaft mit 2 EL Zucker und 1 Zimtstange aufkochen. Johannisbeeren und Kirschen zugeben, 2–3 Min. kochen, dabei umrühren.

3. 1/8 l Kirschsaft mit 30 g Speisestärke verquirlen und einrühren. Kochen, bis die Masse gebunden ist, und übrige Beeren zufügen.

178 ∗ FRÜCHTE – GRUNDREZEPTE

4. FRUCHTPÜREE

1. 250 g Früchte wie Himbeeren, Erdbeeren und Brombeeren, Kiwis, Mango und Pfirsiche putzen und evtl. häuten. Größere zerkleinern.

2. Je nach Geschmack 1–2 EL Puderzucker dazugeben, z. B. Himbeeren mit dem Pürierstab oder im Mixer fein zerkleinern.

3. Fruchtpüree mit einer Schöpfkelle in kreisenden Bewegungen durch ein feines Sieb streichen – so werden auch kleinste Kerne entfernt.

5. APFELMUS

1. 1 kg Äpfel (z. B. Jonathan) waschen, abtrocknen und vierteln. Blütenansatz und Stiel entfernen und das Kerngehäuse darin lassen.

2. Äpfel mit 2 EL Zitronensaft und 80 g Zucker aufkochen, zugedeckt bei geringer Hitze 20–25 Min. dünsten, bis sie weich sind.

3. Die Apfelmasse portionsweise durch ein Sieb streichen. Auch mit einem Holzstößel (gibt es konisch oder rund) geht es ganz einfach.

6. ORANGENCREME

1. 2 große Orangen schälen und weiße Haut entfernen, Fruchtfleisch klein schneiden und pürieren. 4 EL Zucker gründlich unterrühren.

2. 4 Blatt Gelatine 5 Min. in kaltem Wasser einweichen, ausdrücken, bei geringer Hitze auflösen – nicht kochen! Unter das Püree ziehen.

3. 250 g Sahne sehr steif schlagen und locker, aber gleichmäßig unter die Creme ziehen. 2–3 Std. kühlen und fest werden lassen.

FRÜCHTE – GRUNDREZEPTE * 179

HEIDELBEER-QUARKSPEISE

1. Die Heidelbeeren verlesen, in einem Sieb abbrausen, dann vorsichtig trocken tupfen. Mit Orangensaft und Ahornsirup beträufeln.

2. Die Mandelstifte in einer heißen Pfanne ohne Fett goldbraun rösten, bis sie duften. Auf einen Teller schütten und abkühlen lassen. Mit etwas Zimt bestäuben.

3. Quark und Zucker glatt verrühren. Abwechselnd mit den marinierten Heidelbeeren in Gläser schichten und mit den Mandelsplittern garnieren.

* AUSTAUSCH-TIPP Statt der Heidelbeeren können Sie auch frische Erdbeeren verwenden: abbrausen, putzen, vierteln und wie angegeben marinieren.

FÜR 2 PERSONEN
ZUBEREITUNG: 20 MIN.
PRO PORTION CA. 300 KCAL
16 g EW, 18 g F, 18 g KH

200 g Heidelbeeren
2 EL Orangensaft
1 EL Ahornsirup
1 EL Mandelstifte

gemahlener Zimt
250 g Sahnequark
1 EL feiner Zucker

180 * FRÜCHTE

ERDBEER-ORANGEN-CARPACCIO MIT WALNUSSKROKANT

FÜR 2 PERSONEN
ZUBEREITUNG: 40 MIN.
PRO PORTION CA. 333 KCAL
3 g EW, 25 g F, 22 g KH

30 g Walnusskerne
2 EL brauner Zucker
2 Orangen
125 g große Erdbeeren

75 g Crème double (ersatzweise Crème fraîche)
1 EL Vanillezucker
Öl für das Brett

1. Für den Krokant die Nüsse grob hacken. Zucker in die Mitte eines Stieltopfes häufen und bei mittlerer Hitze goldbraun schmelzen lassen. Vorsicht – der Karamell wird schnell dunkel! Nüsse dazugeben und in dem Karamell wenden, bis sie davon überzogen sind. Ein Brett einölen und den Nusskrokant daraufstreichen. Abkühlen lassen.

2. Inzwischen die Orangen wie Äpfel schälen, dabei die weiße Innenhaut mit entfernen (Grundrezept Seite 176). Orangen quer in dünne Scheiben schneiden, abtropfenden Saft auffangen. Erdbeeren waschen, grüne Kelchblätter entfernen und die Erdbeeren längs in dünne Scheiben schneiden.

3. Die Orangen- und Erdbeerscheiben auf 4 Tellern abwechselnd dachziegelartig anordnen und mit dem aufgefangenen Orangensaft beträufeln. Crème double und Vanillezucker verrühren und je 1 Klecks auf die Teller geben. Den Krokant hacken und darüberstreuen.

* AROMA-TIPP Erwachsene dürfen den Orangensaft noch mit 1 EL Orangenlikör aromatisieren, bevor sie ihn über das Carpaccio träufeln.

PFIRSICHE MIT PISTAZIEN-ZABAIONE

FÜR 2 PERSONEN
ZUBEREITUNG: 25 MIN.
PRO PORTION CA. 155 KCAL
4 g EW, 6 g F, 16 g KH

2 reife Pfirsiche
1 EL Zitronensaft
1 Ei
1 Eigelb

2 EL Zucker
6 EL Marsala (italienischer Dessertwein; ersatzweise Sherry Cream)

1 EL Pistazienkerne (nach Belieben)

1. Wasser aufkochen, die Pfirsiche hineingeben und nach 1 Min. mit einer Schaumkelle herausheben. Sofort in eiskaltem Wasser abschrecken. Dann die Früchte abtropfen lassen und die Haut abziehen. Pfirsiche halbieren, entsteinen und die Hälften in Spalten schneiden, dekorativ in 2 Dessertschalen anrichten und mit dem Zitronensaft beträufeln.

2. Für die Zabaione Ei und Eigelb mit Zucker und Marsala in einer Metallschüssel verrühren. Mit den Schneebesen des Mixers zu einem festen, luftigen Schaum schlagen. Über einem heißen Wasserbad so lange weiterschlagen, bis der Schaum warm und luftig ist (Grundrezept Seite 63). Zabaione über die Pfirsiche verteilen. Pistazien fein hacken und darüberstreuen.

* **VARIANTE** Für eine Weinschaumsauce den Marsala durch Weißwein oder Apfelwein ersetzen – schmeckt sehr fein zu Obstsalaten und Eis.

BIRNE HÉLÈNE

FÜR 2 PERSONEN
ZUBEREITUNG: 30 MIN.
PRO PORTION CA. 425 KCAL
4 g EW, 31 g F, 33 g KH

1 feste große Birne
1 EL Zitronensaft
2 TL Zucker
40 g Zartbitterschokolade

125 g Sahne
2 TL Butter
1 EL Bourbon-Vanillezucker
100 ml Vanilleeis

1. Die Birne schälen, halbieren und das Kerngehäuse mit einem spitzen Messer entfernen. Die Birnenhälften in einen Topf geben, mit Zitronensaft und Zucker sowie 6 EL Wasser aufkochen und zugedeckt bei mittlerer Hitze 5 Min. dünsten. Dann die Birnenhälften auf ein Sieb geben, abtropfen und abkühlen lassen.

2. Für die Sauce die Schokolade klein hacken, mit 50 g Sahne in einen Topf geben und bei geringer Hitze und unter Rühren langsam schmelzen lassen. Sobald eine glatte Masse entstanden ist, die Butter unterrühren und den Topf vom Herd nehmen.

3. Die übrige Sahne mit dem Vanillezucker steif schlagen. Je 1 Birnenhälfte auf einen Dessertteller legen. Mit einem Portionierer Kugeln vom Vanilleeis abstechen und neben den Birnen anrichten. Schokoladensauce darübergießen und mit Sahnetupfern garnieren.

* TUNING-TIPP Wer möchte, kann die Birnenhälften mit 1 EL Birnengeist aromatisieren.

GRIESSFLAMMERI MIT PFLAUMENSAUCE

1. Für den Flammeri die Milch mit dem Vanillezucker, Zucker und Salz in einem Topf zum Kochen bringen. Den Grieß einrieseln lassen und unter ständigem Rühren 3–4 Min. kochen.

2. Den Topf vom Herd nehmen. Das Eigelb und die Butter mit dem Schneebesen unter den Grieß rühren. Eine kleine Schüssel oder Puddingform (ca. 1/2 l Inhalt), 2 Tassen oder Portionsförmchen leicht einfetten und den Grießbrei einfüllen. Den Flammeri 2–3 Std. auskühlen lassen.

3. Inzwischen die Pflaumen waschen, halbieren und entsteinen, dann mit dem braunen Zucker, Nelke, Zimtstange und 3–4 EL Wasser in einen Topf geben, aufkochen und bei mittlerer Hitze 5 Min. kochen lassen. Gewürze entfernen, Pflaumen pürieren und das Mus auskühlen lassen.

4. Vor dem Servieren den Flammeri auf 1 Teller stürzen (dafür mit einem heiß abgespülten Messer ringsum den Flammeri vom Formrand lösen und die Form kurz in heißes Wasser halten). Die Form abheben. Mit der kalten Pflaumensauce anrichten. Nach Belieben mit Zimt bestäuben.

★ TUNING-TIPP Für eine Sonntagsvariante 1/8 l Milch durch Sahne ersetzen. 30 g gehackte Mandeln in einer trockenen Pfanne ohne Fett rösten und unter den heißen Grießbrei heben. In 2 Portionsförmchen (à ca. 1/4 l Inhalt) füllen. Erkalten lassen, dann stürzen.

FÜR 2 PERSONEN
ZUBEREITUNG: 35 MIN.
KÜHLZEIT: 2–3 STD.
PRO PORTION CA. 350 KCAL
8 g EW, 13 g F, 48 g KH

FÜR DEN FLAMMERI:
1/4 l Milch
1 EL Vanillezucker
1 EL Zucker
1 Prise Salz
40 g Weichweizengrieß
1 Eigelb
1 EL Butter
Fett für die Form

FÜR DAS PFLAUMENMUS:
200 g Pflaumen (keine Zwetschgen!)
2 EL brauner Zucker
1 Gewürznelke
1/4 Zimtstange
Zimt zum Bestäuben (nach Belieben)

ANANASKOMPOTT
MIT AMARETTI

1. Den Ingwer schälen und in sehr feine Scheiben schneiden. Von der Ananas den Schopf abschneiden, die Ananas schälen, längs vierteln und den Strunk entfernen. Die Viertel in Stücke schneiden.

2. Ingwer, Ananas, Zucker und Apfelsaft in einem Topf aufkochen. Zugedeckt bei mittlerer Hitze 5 Min. dünsten. Vom Herd nehmen und lauwarm werden lassen.

3. Inzwischen die Amarettini in einen Gefrierbeutel füllen und mit einer Teigrolle grob zerdrücken. Sahne mit dem Vanillezucker steif schlagen. Schokostreusel unterheben. Ananaskompott, Schokosahne und Amarettinibrösel abwechselnd in Schalen schichten, dabei die Amarettini nach Belieben mit etwas Kompottsaft beträufeln. Abgedeckt 1 Std. kalt stellen.

* **SERVIER-TIPP** Sind Sie nur zu zweit? Dann stellen Sie die eine Hälfte des Kompotts abgedeckt in den Kühlschrank (hält 2–3 Tage) und schichten die übrigen, halbierten Zutaten in 2 Portionsschalen.

* **AUSTAUSCH-TIPP** Das Kompott schmeckt auch prima mit Zwetschgen oder Aprikosen.

FÜR 4 PERSONEN
ZUBEREITUNG: 30 MIN.
KÜHLZEIT: 60 MIN.
PRO PORTION CA. 285 KCAL
5 g EW, 23 g F, 62 g KH

1 walnussgroßes Stück Ingwer
1 kleine Ananas (ca. 1 kg)
80 g Zucker
200 ml Apfelsaft

120 g Amarettini (ital. Mandelmakrönchen)
250 g Sahne
2 Päckchen Vanillezucker
2 EL zartbittere Schokoladenstreusel

186 * FRÜCHTE

APRIKOSENKNÖDEL MIT ZIMTSAUCE

FÜR 2 PERSONEN
ZUBEREITUNG: 50 MIN.
PRO PORTION CA. 535 KCAL
14 g EW, 22 g F, 71 g KH

8 kleine Aprikosen
8 Stück Würfelzucker
400 g fertiger Kartoffelteig (Kühlregal)
1 Eigelb
2 EL Mehl
Salz

1 Päckchen Vanille-saucenpulver
1 EL Zimtpulver
4 EL Zucker
1/2 l Milch
100 g Haselnüsse
Mehl zum Formen

1. Aprikosen waschen, längs aufschneiden und entsteinen. In jede 1 Würfel Zucker geben und gut zudrücken.

2. Kartoffelteig mit Eigelb und Mehl verkneten. In 8 Portionen teilen und mit bemehlten Händen flach drücken. In die Mitte je 1 Aprikose legen und mit Teig umhüllen. Die Knödel sollen rundum geschlossen sein.

3. Reichlich Salzwasser in einem Topf zum Kochen bringen, die Knödel hineingeben und das Wasser wieder aufkochen lassen. Die Hitze reduzieren und die Knödel bei geringer Hitze 20 Min. gar ziehen lassen.

4. Inzwischen das Vanillesaucenpulver mit Zimt und 2 EL Zucker mischen und mit 100 ml Milch glatt rühren. Übrige Milch aufkochen, angerührtes Saucenpulver einrühren und die Vanille-Zimt-Sauce unter Rühren erneut aufkochen lassen. In eine Schüssel geben und unter gelegentlichem Rühren lauwarm abkühlen lassen.

5. Die Nüsse hacken, mit dem übrigen Zucker in einen tiefen Teller geben. Knödel aus dem Wasser heben, abtropfen lassen und in der Nussmischung wälzen. Mit der Zimtsauce servieren.

* SERVIER-TIPP Die Knödel können Sie zu zweit als süßes Hauptgericht genießen oder zu viert als Dessert.

RHABARBER-BANANEN-GRATIN

1. Den Rhabarber waschen, putzen und schräg in 1 cm breite Stücke schneiden. Bananen schälen und ebenfalls schräg in Scheiben schneiden.

2. Den Backofen auf 200° (Umluft 180°) vorheizen. Rhabarber- und Bananenstücke mischen und in eine ofenfeste Gratinform geben, mit dem Vanillezucker und 1 EL Zucker bestreuen.

3. Die Eier trennen. Eigelbe mit dem übrigen Zucker und 2 EL warmem Wasser cremig aufschlagen. Quark unterrühren. Eiweiß mit 1 Prise Salz steif schlagen und unterheben. 50 g der Kokosraspel unterheben.

4. Quarkmasse auf dem Obst verteilen, mit den übrigen Kokosraspeln bestreuen. Gratin im Ofen (2. Schiene von unten) in 15–20 Min. goldbraun überbacken.

✶ AUSTAUSCH-TIPP Das Gratin können Sie auch mit anderen Früchten variieren, z. B. Ananas und Erdbeeren, Aprikosen und Roten Johannisbeeren.

✶ SERVIER-TIPP Zwei Hungrige dürfen sich am Gratin richtig satt essen, für vier reicht es als ein Dessert.

FÜR 2 PERSONEN	400 g Rhabarber	2 Eier
ZUBEREITUNG: 45 MIN.	2 Bananen	250 g Magerquark
PRO PORTION CA. 340 KCAL	1 Päckchen Vanillezucker	1 Prise Salz
14 g EW, 15 g F, 37 g KH	5 EL feiner Zucker	75 g Kokosraspel

BRATÄPFEL MIT VANILLESAUCE

FÜR 2 PERSONEN
ZUBEREITUNG: 60 MIN.
PRO PORTION CA. 455 KCAL
7 g EW, 16 g F, 73 g KH

1/2 Päckchen Vanillesaucenpulver (zum Kochen)
1 EL Vanillezucker
2 EL Zucker
1/4 l Milch
1 EL Rosinen
6 EL Apfelwein oder -saft
4 mittelgroße säuerliche Äpfel

1 EL Zitronensaft
30 g Haselnüsse
1 EL Crème fraîche
1 EL Honig
2 Prisen Zimtpulver
abgeriebene Schale
   von 1 Bio-Zitrone

1. Für die Vanillesauce das Saucenpulver mit Vanille-zucker und Zucker mischen. Von der Milch 3 EL abnehmen und damit das Saucenpulver anrühren. Die übrige Milch zum Kochen bringen, von der Kochstelle nehmen, das angerührte Saucenpulver hinzufügen und unter ständigem Rühren nochmals gut aufkochen lassen. Die Sauce abkühlen lassen.

2. Die Rosinen mit Wein oder Saft mischen, aufkochen und 5 Min. bei geringer Hitze kochen lassen.

3. Äpfel gut waschen und abtrocknen. Stiele entfernen und Kerngehäuse von der Blütenseite her mit einem Apfelausstecher oder Messer großzügig herausschneiden. In die Höhlungen Zitronensaft träufeln.

4. Den Backofen auf 200° (Umluft 180°) vorheizen. Rosinen abtropfen lassen, Flüssigkeit auffangen und in eine flache, ofenfeste Form gießen. Nüsse hacken, mit den Rosinen, Crème fraîche und Honig verrühren, mit Zimt und Zitronenschale würzen.

5. Die ausgehöhlten Äpfel in die Form setzen und die Mischung mit einem Teelöffel hineinfüllen. Im Backofen (Mitte) 25–30 Min. braten. Mit der Vanillesauce servieren.

REZEPTREGISTER

Ananaskompott mit Amaretti 186
Apfelpfannkuchen mit Krokantjoghurt 187
Aprikosenknödel mit Zimtsauce 187
Avocado-Tomaten-Salat 83

Backkartoffeln mit Krebs-Dill-Creme 25
Birne Hélène 183
Blattsalate mit Champignons 80
Bohnen-Tagliatelle mit Pesto 189
Bratäpfel mit Vanillesauce 189
Bratreis mit Hähnchen 53
Brokkoli, pfannengerührter, mit Tofu 103

Caesar's Salad 87
Champignonküchlein mit Schinken 107
Chicken Wings süßsauer 144
Chili con carne 132
Coq au vin 149
Curry-Couscous mit Nüssen 59

Doraden auf mediterranem Gemüse 171

Eier, pochierte in Basilikumsauce 67
Eier mit Kohlrabiragout 71
Eiersalat mit Gurken und Kresse 66
Entenbrust mit Birnen-Gorgonzola-
   Sauce 141
Erdbeer-Orangen-Carpaccio mit Walnuss-
   krokant 181

Feldsalat mit Möhren 82
Fisch mit Spinat und Senfsauce 163
Fischfilet mit Chinakohlgemüse 168
Fisch-Gemüse-Pfanne 165
Fischsuppe nach Italienischer Art 169
Fischstäbchen mit Apfel-Sellerie-Dip 160
Forellen mit Zitronen-Kartoffeln 158

Gemüse, gedämpftes, mit Walnussdip 108
Gemüseeintopf mit Reis 48
Gemüse-Farfalle mit Thunfisch 36
Gemüsesalat 104
Glasnudelsalat mit Shrimps 42
Gnocchi mit Tomaten-Parmesan-Sauce 21

Griechischer Salat mit Tomatensauce 81
Grießflammeri mit Pflaumensauce 185
Gurkensalat mit Dilljoghurt 84

Hackbällchen in Zitronen-Kapern-Sauce 133
Hähnchen-Piccata mit Tomatensauce 142
Heidelbeer-Quarkspeise 180
Hühnerfrikassee, grünes 148

Kalbfleisch-Lasagne alla bolognese 41
Kartoffel-Blumenkohl-Curry 18
Kartoffelcremesuppe mit Steinpilzen 17
Kartoffel-Lauch-Gratin 19
Kartoffelpfanne provençale 22
Kartoffel-Spargel-Salat 15
Kartoffel-Spinat-Püree 16
Käseomelett mit Speckpilzen 70
Käsespätzle mit Tomaten 40
Kohlrabi-Möhren-Gemüse 101
Kokosreis mit Zwetschgen 58
Kürbisrisotto 50

Lachsfilet mit Gurkenragout 159
Lachsforelle in Rosmarin-Salzkruste 167
Lammkoteletts mit Petersiliensalat 125
Lamm-Souflaki mit Joghurtsauce 127

Makkaroni, Schinken-Lauch- 31
Mangosalat mit Thunfisch 86
Matjesfilets nach Hausfrauenart 170

Nudeln, gebratene, mit Ananas
   und Pute 43
Nudelsalat, italienischer 34
Nudelsuppe, grüne 35

Paella valenciana 55
Paprikakeulen aus dem Ofen 145
Paprika-Nackensteaks 129
Paprika-Reispfanne 52
Pellkartoffeln mit zweierlei Quark 14
Penne in Tomatensauce 30
Pfannkuchen, Apfel-, mit Krokant-
   joghurt 72

Pfirsiche mit Pistazien-Zabaione 182
Pilaw mit Hackfleisch und Gemüse 56
Pilzpfanne mit Bohnen 102
Putenpfanne, scharfe, mit Sprossen 143
Putenschnitzel mit Tomaten und
   Kapern 140

Ratatouille provençal 111
Räucherforellen-Rührei mit
   Schnittlauch 69
Ravioli in Käse-Zitronen-Sauce 32
Reissalat mit Avocado 49
Rhabarber-Bananen-Gratin 188
Rinderschmorbraten 130
Rindsrouladen mit Steinpilzsauce 131
Rosenkohl in Meerrettichsauce 110
Rotbarsch in Couscouskruste 161

Saltimbocca mit Pfeffersauce 124
Schaumomelett mit Himbeersahne 73
Schinken-Lauch-Makkaroni 31
Schollenröllchen auf Fenchel-
   gemüse 162
Schweinemedaillons in Pilzsahne 128
Sellerieschnitzel im Käsemantel 105
Spaghetti aglio e olio mit Muscheln 37
Spaghetti bolognese 39
Spargel mit Orangen-Mandel-Butter 109
Spargelrisotto mit Lachs 51
Spiegeleibrot mit Schinken 68
Spinat mit Feta 100

Tagliatelle, Bohnen-, mit Pesto 33
Thymianente, gebratene 147
Tomaten, gebackene 106
Tomatenbulgur 57

Viktoriabarsch im Bratschlauch 164

Weißkohlsalat, asiatischer 85
Wirsingrouladen, italienische 113
Würzkartoffeln vom Blech 24

Zucchini-Rösti-Kuchen 23

GRUNDREZEPTE

Ananas zubereiten 177
Apfel zubereiten 175
Apfelmus 179
Aprikosen zubereiten 175
Asia-Würz-Sauce 99
Auberginen zubereiten 92
Avocado zubereiten 78

Béchamelsauce 98
Beeren zubereiten 175
Birne zubereiten 175
Blanchieren 96
Blumenkohl zubereiten 93
Bohnen, grün, zubereiten 95
Braten 97
Bratkartoffeln 12
Brokkoli zubereiten 93
Butter, geklärte 98

Chicoree zubereiten 77
Chilischoten zubereiten 93
Croûtons rösten 78

Dämpfen 96
Dünsten 96

Eier kochen 64
Eier pochieren 64
Eier trennen 63
Eierpfannkuchen 65
Eigelb schaumig rühren 63
Eischnee schlagen 63
Entenbrust braten 138

Feldsalat zubereiten 77
Fisch dämpfen 154
Fisch im Bratschlauch 155
Fisch im Salzteig 155
Fisch in Alufolie 155
Fisch pochieren 154
Fischfilet braten 153
Fischfilet dünsten 154
Fischfilet im Ofen braten 153
Fischfilet panieren 153

Folienkartoffeln 11
Frikadellen braten 122
Fruchtpüree 179
Frühlingszwiebeln zubereiten 94

Gemüse braten 97
Gemüse kochen 97
Gemüse pfannenrühren 97
Gemüse schmoren 97
Geschnetzeltes braten 120
Glasnudeln einweichen 29

Hähnchen braten 138
Hähnchen vorbereiten 138
Hühnerbrühe kochen 138

Joghurt-Sahne-Dressing 79

Kartoffelgratin 13
Kartoffelklöße 13
Kartoffelpuffer 13
Kartoffelpüree 12
Kartoffelsalat 12
Käsesauce 99
Kerne rösten 78
Kiwi zubereiten 177
Knoblauch zubereiten 92
Kochen 97
Kompott 178
Kopfsalat zubereiten 77
Kräuter zubereiten 78

Lauch zubereiten 94

Mango zubereiten 177
Mangold zubereiten 94
Mayonnaise 79
Melone vorbereiten 176
Miesmuscheln putzen 157
Möhren zubereiten 93
Muscheln auslösen 157
Muscheln im Weißweinsud
   kochen 157

Nudeln kochen 29

Obstsalat 178
Omelett 65
Orange zubereiten 176
Orangencreme 179

Paprika zubereiten 93
Pellkartoffeln 11
Pfannenrühren 97
Pfirsiche zubereiten 175
Pilze zubereiten 95
Pürieren 97

Quellreis 47

Radicchio zubereiten 77
Ragout schmoren 122
Rhabarber zubereiten 176
Rindersteaks braten 120
Risotto 47
Rosenkohl zubereiten 93
Rote Grütze 178
Rotkohl zubereiten 94
Rührei 65

Sahnesauce 98
Salzkartoffeln 11
Sauce Hollandaise 99
Schmoren 97
Schnitzel braten 120
Schnitzel panieren 120
Schweinekrustenbraten 122
Spargel, weiß und grün, zubereiten 95
Spätzle zubereiten 29
Spiegeleier 64
Spinat zubereiten 94

Tomaten zubereiten 92

Vinaigrette 79

Wasserreis 47

Zucchini zubereiten 92
Zuckerschoten zubereiten 95
Zwiebeln zubereiten 92

IMPRESSUM

DIE AUTORIN

Martina Kittler ist Diplom-Oecotrophologin und hat ihre Leidenschaft fürs Kochen zum Beruf gemacht. Als Food-Autorin und Mutter zweier Kinder liegt ihr das Thema gesunde Ernährung mit Genussfreude besonders am Herzen. Ihre Spezialität sind familien- und alltagstaugliche Rezepte, die sie mit Fantasie und pfiffigen Ideen zu kreieren weiß. So stammen aus ihrer Feder so erfolgreiche Titel wie Wok, Kochen für die Familie, Backen für die Familie (als Mit-Autorin), Fisch und Saucen. Ihr Prinzip für die familiengerechte Küche: unkompliziert kochen und mindestens einmal pro Tag gemeinsam essen.

FOTOPRODUKTION
Eising Foodphotography
Fotografie: Martina Görlach
Foodstylist: Michael Koch
Assistenz: Sandra Eckhardt

© 2008 GRÄFE UND UNZER VERLAG GmbH, München

Alle Rechte vorbehalten. Nachdruck, auch auszugsweise, sowie Verbreitung durch Bild, Funk, Fernsehen und Internet, durch fotomechanische Wiedergabe, Tonträger und Datenverarbeitungssysteme jeder Art nur mit schriftlicher Genehmigung des Verlages.

Programmleitung: Doris Birk

Idee und Projektleitung: Stephanie Wenzel

Lektorat: Anna Cavelius

Korrektorat: Mischa Gallé

Umschlaggestaltung und Layout: independent Medien-Design, München, Martha Olesniewicz

Herstellung: Petra Roth

Satz: Knipping Werbung GmbH, Berg/Starnberg

Reproduktion: Repromayer, Reutlingen

Druck: Firmengruppe APPL, aprinta druck, Wemding

Bindung: Firmengruppe APPL, sellier druck, Freising

ISBN: 978-3-8338-1381-8

Syndication: www.jalag-syndication.de

4. Auflage 2010

Die **GU-Homepage** finden Sie unter **www.gu.de**.

Unsere Garantie
Alle Informationen in diesem Ratgeber sind sorgfältig und gewissenhaft geprüft. Sollte dennoch einmal ein Fehler enthalten sein, schicken Sie uns das Buch mit dem entsprechenden Hinweis an unseren Leserservice zurück. Wir tauschen Ihnen den GU-Ratgeber gegen einen anderen zum gleichen oder einem ähnlichen Thema um.

Liebe Leserin und lieber Leser,
wir freuen uns, dass Sie sich für ein GU-Buch entschieden haben. Mit Ihrem Kauf setzen Sie auf die Qualität, Kompetenz und Aktualität unserer Ratgeber. Dafür sagen wir Danke! Wir wollen als führender Ratgeberverlag noch besser werden. Daher ist uns Ihre Meinung wichtig. Bitte senden Sie uns Ihre Anregungen, Ihre Kritik oder Ihr Lob zu unseren Büchern. Haben Sie Fragen oder benötigen Sie weiteren Rat zum Thema? Wir freuen uns auf Ihre Nachricht!

Wir sind für Sie da!
Montag–Donnerstag: 8.00–18.00 Uhr;
Freitag: 8.00–16.00 Uhr
Tel.: 0180 - 5 00 50 54*
Fax: 0180 - 5 01 20 54*
E-Mail: leserservice@graefe-und-unzer.de

*(0,14 €/Min. aus dem dt. Festnetz/ Mobilfunkpreise können abweichen.)

P.S.: Wollen Sie Aktuelles von GU wissen, dann abonnieren Sie doch unseren kostenlosen GU-Online-Newsletter und/oder unsere kostenlosen Kundenmagazine.

GRÄFE UND UNZER VERLAG
Leserservice,
Postfach 86 03 13
81630 München